T0159202

Amma
CHIEF

Amma
CHIEF

Jacqueline Jiménez Polanco

authorHOUSE®

AuthorHouse™
1663 Liberty Drive
Bloomington, IN 47403
www.authorhouse.com
Phone: 1-800-839-8640

© 2012 by Jacqueline Jiménez Polanco. All rights reserved.

No part of this book may be reproduced, stored in a retrieval system, or transmitted by any means without the written permission of the author.

Published by AuthorHouse   02/18/2013

ISBN: 978-1-4772-9080-4 (sc)
ISBN: 978-1-4772-9079-8 (hc)
ISBN: 978-1-4772-9081-1 (e)

Library of Congress Control Number: 2012921764

This book is printed on acid-free paper.

Because of the dynamic nature of the Internet, any web addresses or links contained in this book may have changed since publication and may no longer be valid. The views expressed in this work are solely those of the author and do not necessarily reflect the views of the publisher, and the publisher hereby disclaims any responsibility for them.

Amma Chief
Amor (Love), Ancestralidad (Ancestry), Desviación Social (Social Deviance), Espiritualidad (Spirituality), Familia Migrante (Migrant Family).

Se prohíbe la copia parcial o total de esta obra sin previa autorización de la autora.

A mis maestros & A mis maestras

A mis ancestros Masthi, Masthone, Melethé, Bonzze, Franz, Mulkund, Osene, Yuna, Sicé y Oini taínos, mayas, aztecas, iroquois, mapuches, hindúes, alemanes, Argentines, uruguayos, españoles, chilenos, japoneses, tailandeses, turcos, griegos, marroquíes, iraníes, dominicanos y dominicanas

A mis progenitores y familiares

A mis amistades To my friends

Si una gota de agua cae en un espacio vacío, ¿cuán real es la gota, cuán vacío está el espacio?

Y al escribir esto, miro al cielo nublado, el firmamento entero parece una nube blanca con vetas difusas azul-grisáceo que esparcen una luz gaseosa y escucho un ruido por las tuberías del "heating" (la calefacción) "shshshshshshshshhs tiritan triitan uaaauaa shisshisii esoesesoes jetjetjetjet jet jet 7636 información nacional amanecemasthi velón prendido tigrerrrugejaguarherida manatí moringacura anemiashmasthone campesino metenmelethetéreo bonanzabonzzezzuffoo manantial franzciscañamoessiss coconut mucha gente muellemulkunden observan cambiosenenergía por la lluvia en el Río Yuna sicesincierto ovnioiniorbita organizando contigo, reverdeciendo, cultivo rosaledas blancas shshshshshshsishi . . ."

¿Es acaso lo que percibimos el resultado de una realidad inmediata, el recuerdo de una experiencia pasada, de un sueño, o la proyección de una vivencia aún por ocurrir? ¿Cuán real e inmediata es la realidad, cuán pasado es el pasado, cuán predecible es el futuro?

A veces lo que vemos, lo que experimentamos en el momento, no es tan real, no es tan palpable. Sin embargo, en ocasiones, tenemos vivencias que ya nos han sido contadas de forma similar, sea en los sueños o a través de visiones, y nuestras células guardan en la memoria, en el ADN, el registro de esas vivencias.

Lo que por lo general conocemos como "déjà vu" no es solamente la percepción de algo que hemos visto o experimentado de alguna otra forma en otra etapa de esta vida, tampoco es exclusivamente la memoria de vidas pasadas.

El llamado "déjà vu" es también la proyección de algo que nos va a ocurrir en el futuro en este plano y que, cuando sucede, lo recordamos tal cual lo vivimos, como si lo hubiésemos visto en una película o en un performance, en el cual, nosotros somos nuestros propios actores y la escena es nuestra propia vivencia.

El "déjà vu" es una vivencia que se siente en la memoria, tan real como en el momento, antes futuro y ahora presente, en el que se vive.

¿Cómo y por qué suceden estos fenómenos que por el momento me atrevo a llamar proyecciones de experiencias futuras?

En verdad no tengo la respuesta a esta pregunta. Lo que sí puedo decir es que lo he vivido, que lo he experimentado y que cuando ha ocurrido, he sentido en mi cuerpo, en mi corazón, en mi mente, los mismos sentimientos y las mismas emociones que he sentido en la memoria o visión pasada de esa proyección. Y no sólo eso, los hechos han ocurrido prácticamente tal cual, con los mismos actores, el mismo escenario y hasta los mismos colores y olores.

Les voy a contar varias historias de vivencias proyectadas desde el pasado hacia el futuro que se materializaron en el presente.

Pero antes, me gustaría explicar que mi mente intuitiva me dice que, esas proyecciones futuras con manifestaciones en el presente, suceden con la intención de que sanemos algo que no habíamos querido ver, alguna vivencia negativa de vidas pasadas o de este mismo plano que no habíamos querido reconocer o de la que habíamos huido por miedo.

Ese miedo que no quisimos enfrentar en el pasado lo llevamos internalizado en nuestro ADN, en nuestra memoria celular, y se manifiesta de manera reincidente en experiencias similares o parecidas en el plano actual y en diversos planos de vidas pasadas, aunque quizás mediante episodios diferentes de la misma obra, del mismo performance.

Es como si al revivir el hecho en el momento presente y hacerlo de manera consciente, lográsemos redimir nuestras células de memorias ancestrales dañinas que hemos repetido en una y otra vida sin sanar, sin liberar y, que, por fin, nos encontrásemos en el estado consciente necesario para procesarlas y liberarlas.

Y es como si en ese recordar, revivir, experimentar, sufrir, procesar y liberar, ascendiésemos espiritualmente para desprendernos cada vez más de las cadenas que nos atan en el plano material actual.

Y no se trata de que para ello tengamos que morir físicamente, pero sí se produce una transmutación mental, física y emocional que nos lleva a ser diferentes y a aceptar la temporalidad inmanente de la materia, su frágil corporeidad, su inconsistente concreción, su banal atractivo y la permanencia inmanente del alma, que nunca muere, nunca se desvanece, nunca desaparece. Y al escribir esto miro a la pared azul plateada de mi cocina y observo el dibujo que hice anoche en honor a Amma Chief y veo que tiene la forma de un bombillo que esparce luz anaranjada o mamey claro con una aureola verde en el centro y mas adentro una figura blanca como la del hongo de la bomba atómica y en el centro veo un animal verde que parece un gallo quiquiriquí con las patas largas o una ranita saltarina, o un pájarito chouí, o un lagarto, o una higuana, o un ratón, o un reptil, o un maguey, o un mapuey, o un pajarito volando, o un águila, o un cóndor, o un ave rapaz que mira hacia abajo y lo que hay debajo es humo y un humo suave color rosado en donde se para el ave, en donde ancla sus patas firmes para descansar, y el avecilla mira hacia la izquierda y escucho por mi oído izquierdo un sonido como de un coquí, y ahora el ave se diluye y veo la figura de un ser vestido de verde oscuro como si estuviera volando, como si fuera un hombre cayendo en un paracaídas, y a su alrededor una sombra blanca como de una figura humana, y el ave que ancla sus patas largas en el humito rosado color de otoño, y la figura verde también parece un grillo, o un insecto gigante como una hormiga; y, al escribir esto, mi corazón se agita; y la figura parece la de un humano, la de un ave o de una avioneta esparciendo gases químicos sobre una plantación de naranjas, y sigo viendo el aura blanca en forma de astronauta, o de hombre que está esparciendo químicos, o del humo que expele la basura cuando la queman.

Y, al escribir esto, escucho en mi mente el merenguito de Fernandito Villalona, "compañera, usted es amable, deseable y besable, pero no se me asuste, no la voy a enamorar . . ."

Mi primera oportunidad de vivir surgió con mi nacimiento. Y, ahora, al escribir esto, escucho en mi mente las notas del himno nupcial, "tan tan tatán, tan tan tatán . . ." Y hoy, día 30 de octubre, un día gris-azulado de otoño en que llueve, miro hacia mi ventana y alcanzo a ver mi plantita de romero que replanté ayer con el compost o abono que he estado preparando en estos días con los restos de comida combinados con aserrín de madera, hojas secas, papel de periódico y de funda. Ello me permite convivir, expresar, ver, oler, sentir, caminar, escuchar, saborear el miedo, disolverme en el miedo, aceptarlo como una parte intrínseca de mi y, en cuanto tal, algo que forma parte del todo pero que no sustituye ni reemplaza el todo. A penas hoy, comprendí lo que en realidad significa el libre albedrío y su oposición a mi naturaleza humana y divina, pues no todo lo que pensamos, deseamos, decimos, emana de nuestra propia voluntad; los seres humanos somos una dualidad y esa constante del bien y el mal en nuestra naturaleza está vigente en todo momento y se manifiesta a cada instante, en cada una de nuestras acciones, pensamientos, emociones; entonces, debemos estar siempre despiertos, siempre atentos a escuchar cuál es el mensaje correcto, cuál es la demostración adecuada, evitando que nos domine la euforia, la inaprensión, la desconsideración, el chanchullo, la vacanería, los chistes, el relajo, el tum tum tum; porque, en esencia, nosotros somos más que eso y lo sabemos; "tú lo aveee'". Como cuando era niña y estudiaba en el San Francisco de Asís que estaba al lado del San José, ahí fue donde hice el Kínder; los únicos recuerdos en mi memoria son el olor a melao de la fábrica de melazas que había cerca, la algarabía de los muchachitos cuando Príncipe Rainiero estaba encima de una pared altísima diciendo que era Superman y que se iba a tirar, y el día en que una maestra joven, india, con el pelo negro largo y su cantina de comida hecha de aluminio, me llevó a su casa de castigo al mediodía por algo que hice mal o que no hice bien, y se desvistió frente a mi, yo llorando, sentada en una sillita de guano sin comprender porqué estaba allí y extrañando a mi mamá, y la Señorita en ropa interior con un brazier negro de espaldas o frente a mi. Y ahora, al escribir esto, escucho por mi oído izquierdo gente cantando en coro en mi edificio "ángeles de gloria, te alabamos, aleluya, escucha Señor, ehhh ehhh . . ." Me froto el ojo derecho y me meto los dos meñiques en ambos oídos, uno en el izquierdo y otro en el derecho, y miro el velón blanco en mi pequeño altar, la luz se ve color amarillo por dentro y ámbar-anaranjado en la siguiente capa, rosado en la siguiente y con una aureola blanca en todo el rededor, sigo escribiendo y miro el velón de ruda que emite una luz que relampaguea y de la cual salen nubes hacia arriba en forma de vetas color Rosado pálido que forman circulos color moradito palido y verde azulado como el del mar Caribe y miro una aureola verde que sale del vaso de caramelos de menta, y las vetas parecen como las rejas de las casas o de los balcones o de las ventanas y de ellas cuelga algo, algo que se mueve, y veo sombras en forma de rejas, y la luz de la llama se parece a la luminotecnia de la luz vibrante de los bombillitos que se usan en navidad para adornar los arbolitos y las rejas en las casas; y la luz se detiene, deja de vibrar y forma una cruz y luego vuelve a vibrar y forma dos cruces, y a cada lado están las rejas, las verjas, las rejas, las verjas, y en el lado izquierdo esa cosa que está guindando y moviéndose; y la luz parece una estrella con un hombre en el medio y ahora con un animal gigante o con un hombre sentado en el medio, un hombre negro con pantalón negro y camisa blanca; y siento un pequeño dolor de cabeza en el lado izquierdo de mi cerebro, y el dolor se va y sigo viendo la luz que relampaguea y emite un rayo hacia abajo; y vuelvo a ver en el centro un hombre negro vestido de blanco sentado y debajo un animal, la sombra de un animal que parece un cerdo o un cerdo salvaje o un animal antiguo como un dinosaurio, como un jabalí, como un aguijón gigante; y el animal, su sombra, está encima de mi altar; y el animal esta inmóvil como un hipopótamo y el hombre blanco vestido de negro está encima del animal en medio de la llama de la luz de la vela, y detrás esta la verja, la reja, la verja, y delante se forma otra figura, sí, delante del animal se forma una figura humana, como la de una mujer que está de pié frente a mí delante del animal con las manos hacia abajo, tiene la cintura estrecha; y rezo el Ave María y sigo viendo la figura, es una mujer de cintura estrecha con un vestido con hombreras altas abuchadas estilo antiguo, y veo sombras como bolas que suben y son de color oscuro; y ambas figuras, la del cerdo y la de la mujer, están inmóviles en las sombras, son sombras con forma, y arriba está la luz y las bolas color oscuro, Rosado o morado, que suben hacia arriba, son morado oscuro y luego Rosado oscuro y luego Rosado claro, son como bolas, como nubes que suben hacia el cielo, y oigo un sonido, "shshshshshshshshhs tiritan triitan uaaauaa shisshisii esoesesoes jetjetjetjet jet jet 7636 información nacional amanecemasthi velón prendido tigrerrrugejaguarherida manatí moringacura anemiashmasthone campesino metenmelethetéreo bonanzabonzzezzuffoo manantial franzciscañamoessiss coconut mucha gente muellemulkunden observan cambiosenenergía por la lluvia en el río yuna sicesincierto ovnioiniorbita organizando contigo, reverdeciendo, cultivo rosaledas blancas shshshshshshsishi . . ."

Y, mientras, rezo el Rosario diez veces: 1. "Dios te salve María, llena eres de gracia, el Señor es contigo, bendita tu eres entre todas las mujeres y bendito es el fruto de tu vientre, Jesús", "Santa María, Madre de Dios, ruega por nosotros los pecadores ahora y en la hora de nuestra muerte, Amén." 2. "Dios te salve María, llena eres de gracia, el Señor es contigo, bendita tu eres entre todas las mujeres y bendito es el fruto de tu vientre, Jesús", "Santa María, Madre de Dios, ruega por nosotros los pecadores ahora y en la hora de nuestra muerte, Amén." 3. "Dios te salve María, llena eres de gracia, el Señor es contigo, bendita tu eres entre todas las mujeres y bendito es el fruto de tu vientre, Jesús", "Santa María, Madre de Dios, ruega por nosotros los pecadores ahora y en la hora de nuestra muerte, Amén." 4. "Dios te salve María, llena eres de gracia, el Señor es contigo, bendita tu eres entre todas las mujeres y bendito es el fruto de tu vientre, Jesús", "Santa María, Madre de Dios, ruega por nosotros los pecadores ahora y en la hora de nuestra muerte, Amén." 5. "Dios te salve María, llena eres de gracia, el Señor es contigo, bendita tu eres entre todas las mujeres y bendito es el fruto de tu vientre, Jesús", "Santa María, Madre de Dios, ruega por nosotros los pecadores ahora y en la hora de nuestra muerte, Amén." 6. "Dios te salve María, llena eres de gracia, el Señor es contigo, bendita tu eres entre todas las mujeres y bendito es el fruto de tu vientre, Jesús", "Santa María, Madre de Dios, ruega por nosotros los pecadores ahora y en la hora de nuestra muerte, Amén." 7. "Dios te salve María, llena eres de gracia, el Señor es contigo, bendita tu eres entre todas las mujeres y bendito es el fruto de tu vientre, Jesús", "Santa María, Madre de Dios, ruega por nosotros los pecadores ahora y en la hora de nuestra muerte, Amén." 8. "Dios te salve María, llena eres de gracia, el Señor es contigo, bendita tu eres entre todas las mujeres y bendito es el fruto de tu vientre, Jesús", "Santa María, Madre de Dios, ruega por nosotros los pecadores ahora y en la hora de nuestra muerte, Amén." 9. "Dios te salve María, llena eres de gracia, el Señor es contigo,

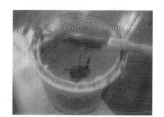

bendita tu eres entre todas las mujeres y bendito es el fruto de tu vientre, Jesús", "Santa María, Madre de Dios, ruega por nosotros los pecadores ahora y en la hora de nuestra muerte, Amén." 10. "Dios te salve María, llena eres de gracia, el Señor es contigo, bendita tu eres entre todas las mujeres y bendito es el fruto de tu vientre, Jesús", "Santa María, Madre de Dios, ruega por nosotros los pecadores ahora y en la hora de nuestra muerte, Amén."

En esencia, el libre albedrío no existe; si aceptamos nuestra naturaleza divina, comprendemos que en la espiritualidad hay un único camino, y ese camino, es la luz; si rechazamos el llamado intuitivo de la luz y queremos imponer "nuestra" voluntad racional a la voluntad de Dios, nos invaden las sombras y, entonces, ellas son las que deciden. Porque, en esencia, nosotros nunca decidimos nada: nuestras decisiones las toma Dios o las toma el demonio, sea que la fuerza demoníaca provenga de las tinieblas de la muerte o de otras galaxias.

Nosotros decidimos si queremos vivir en la luz o en la sombra, en la sombra o en la luz; pues, en esta dualidad irreconciliable que habita en la naturaleza humana no hay términos medios, no hay grises; nosotros decidimos con quien queremos alinearnos: una mera sospecha acerca de nuestra esencia divina nos coloca en el lado de la sombra; un simple perdón y conexión con la pureza, con la verdad, nos coloca del lado de Dios. Reconocer nuestra naturaleza divina nos permite convivir con el miedo, nos permite expresar el miedo, nos permite ver el miedo, nos permite oler el miedo, nos permite sentir el miedo, nos permite caminar en el miedo, nos permite escuchar el miedo, nos permite saborear el miedo, nos permite disolvernos en el miedo. Y, al escribir esto, recuerdo que de niña me gustaba volar chichigua y Capuchín, de los capuchines me gustaba su agilidad en el vuelo y la facilidad con que los hacíamos, con un pedazo de papel que arrancábamos de las mascotas, pero me gustaban más las chichiguas, que en otros países les dicen cometas, porque son más elaboradas, we made skites with bamboo sticks, a cotton thread that Taínos called cáñamo, and colored papers (hacíamos las chichiguas con tiritas de palo de bambú, cáñamo y papeles de color rojo, azul y blanco como la bandera dominicana); y, al escribir esto, miro la chichigua o cometa que hace un tiempo dibujé en la pared rosada del pasillito de mi apartamento, tiene forma de diamante y es de color verde oscuro y claro con vetas anaranjadas y amarillas, y su cola es verde y rosada, y es larga, tan larga que llega hasta la puerta y sube hacia arriba y hace un círculo en la cerradura en donde tengo colocada una postal con la imagen del Arcángel San Miguel que me regaló mi madre Margarita de Austria; claro que, este San Miguel tiene un diseño que yo misma le hice, pues, no me gusta el símbolo con dos líneas o cruz invertida o animales cruzados que tenía debajo de la mano el Santo; a mi no me gustan las cruces ni las cosas cruzadas; le pregunté a mi madre Margarita de Austria si estaba bien que le quitara ese símbolo y ella me dio permiso para quitárselo, dijo que ella no se había dado cuenta de que el santico tenía esa cruz invertida como si fueran dos reptiles cruzados en medio de un círculo blanco. A mi me gusta volar chichigua en el Monument because it is high and windy and I can see all of the valleys, mountains and green of the Cibao region, (Monumento, porque es alto y ventoso y puedo ver todos los valles y montañas y el verdor de la Región del Cibao), and also I like to fly comets in el malecón to see the birds and the Caribbean sea with its greenish-blueish color, although when it rains it gets dark and brown by the Río Ozama's water flow (y también me gusta volar chichiguas in the seashore para ver las aves y el Mar Caribe con su color verdoso-azulado, aunque cuando llueve se torna oscuro y marrón por las corrientes del Río Ozama); but this wind drafts that I am talking about are not tough like the Sandy storm's (pero estas Corrientes de aire de las que les hablo no son Fuertes como las de la tormenta Sandy).

Y al contarles esto, I switch my eyes to the right and see the painting that I drew last night to honor Amma Chief, and underneath the mushroom I see a green root that is raining or weeping green and, (giro mis ojos hacia la derecha y miro el cuadro que dibujé anoche en honor a Amma Chief y debajo del hongo veo una raíz que está lloviendo o llorando verde y) I look up to the center of the mushroom, of the white mushroom, and I see a green figure that looks like a jaguar, like a tiger, like a running tiger or like an Army airplane and it is exuding flames, (y miro hacia arriba al centro del hongo, del hongo blanco, y veo una figura que luce como un jaguar, como un tigre/tíguere, como un tigre corriendo o como un avión de la milicia y está lanzando llamas), orange flames (llamas color naranja o mamey), and still the noise of the airplane, a heavy noise, and the jeeps on the road, (y continúo escuchando el ruido del avión, un sonido fuerte, y las jipetas en las calle) and the sound of trembling clouds or bombs and the jeeps and an animal barking like a dog, (y el sonido de nubes temblorosas o bombas y las yipetas y un animal ladrando) and I continue to see the flames irradiating the mushroom, exhilarating, (y sigo mirando las llamas irradiando el hongo, fogoneándolo) and the green animal in the middle of the flame like if he were running but also staying there, like trapped, inside the flame, (y el animal verde en medio de la llama como si estuviese corriendo pero paralizado ahí, como atrapado, en medio de la llama) and sorrounded by the subtle white aura of Clouds or gas, or gas, (y rodeado de un aura de nubes o gas, o gas,) but that looks like a standing white man and the orange flame upleft and upright and down, (pero que luce como un hombre blanco y la llama naranja arriba hacia la izquierda y arriba hacia la derecha y hacia abajo) and the green rain or drops falling down, and another ball of orange and green flame on the right down, (y la lluvia verde o lágrimas se desliza hacia abajo, y otra bola de humo naranja y verde hacia la derecha y hacia abajo) and I get sad, very sad and my head aches and my fingers swell and I cry with dried eyes, my heart cry (y me siento triste, muy triste y me duele la cabeza y mis dedos se hinchan y lloro con los ojos secos, mi corazón llora).

Y, al recordar esto, surge en mi mente el merengue tradicional que canta Joseíto Mateo, "pongan atención señore' lo que le' voy a cantar el merengue caña brava e' muy bueno de bailar ta ta tán, caña dulce, ay mamá, caña brava, ay mamacita, dame un gajo, ay mamá, de tu caña, ay mamacita . . .".

Mi madre Margarita de Austria siempre dice que la luz del velón indica si el espacio está tranquilo o alterado; hace un tiempo mis ancestros me enseñaron a ver la luz del velón, ellos prefieren que sea blanco o de ruda; suspendo la escritura y voy a la cocina a prepararme algo de comer y mi corazón palpita fuerte, pero mi Alma está tranquila, en calma; rezo el Rosario, mis ancestros Masthi, Masthone, Melethé, Bonzze, Franz, Mulkund, Osene, Yuna, Sice y Oini me hablan en todas partes, pero sobre todo en la cocina, o en el baño, o cuando estoy preparando el abono o "Compost", o cuando estoy sembrando; es en esos espacios en donde me ayudan a desentrañarlo todo; me dicen que no importa si pierdo mi corazón o me lo arrancan, que lo importante es el Alma, pues, el Alma nunca muere; sigo rezando el Rosario mientras como. De adolescente me hice devota de Jesucristo, Él fue mi canchanchán, mi pana en la adolescencia; a Él le escribía epístolas o "cartas a Jesús", en esas cartas le contaba mis dudas, mis desafíos, mis alegrías, mis penas, mis sueños. Fui devota, aún a pesar de que mi papá era masón y ateo y de que mi mamá, fiel devota de San Martín de Porres, sólo iba a la iglesia católica cuando había una muerte, un matrimonio, o un bautizo; con mi abuela Madrecita, que era la madre de mi madre, aprendí a amar la religiosidad popular dominicana; me encantaban los rezos, las horas santas, el Rosario a la

Virgen, el olor a incienso, el moro de habichuelas negras, rojas o guandules con torta de casabe que repartíamos a los niños, jovenes y adultos pobres del Barrio Nuevo luego de la Hora Santa.

Mi desalineación de Dios empezó en la universidad; mi mente racional no me permitía comprender que la iglesia católica fuese tan injusta, que el Vaticano fuese tan rico y poderoso mientras el mundo está tan repleto de pobres. Nunca acepté la desigualdad de clase, raza, étnia, género, sexo, identidad u opción/orientación sexual, dentro, ni fuera de la iglesia; nunca he podido aceptar el hecho de que las monjas trabajen más duramente que los curas y que no puedan ofrecer el servicio eclesiástico, entre otras limitaciones.

Mis estudios sobre la intrínseca relación entre iglesia, religión y poder, me llevaron a comprender que todas las iglesias, todas las sectas y todas las religiones son injustas, porque todas surgen de la guerra, de la destrucción masiva de los seres humanos y de nuestro entorno; todas son el producto del llamado libre albedrío. Y, al decir esto, escucho por mi oído derecho un sonido que se parece al de un timbre que anuncia el final de la clase y la salida al recreo, luego escucho el de un avión; me coloco el dedo meñique de la mano derecha en el oído derecho y el dedo meñique de la mano izquierda en el oído izquierdo, y compruebo que el ruído que tanto me molesta es el de la nevera, no sé por qué me molesta tanto ese sonido, y eso que cambié la nevera grande por una pequeñita, ¡oh, pero Dios mio! Vuelvo a escuchar la campanilla de salir al recreo por mi oído derecho y también por el izquierdo, y luego se evapora y vuelvo a escucharlo mienstras escribo en el teclado de mi laptop con los ojos cerrados, como aprendí de niña cuando a los diez años mi padre Teorema me puso a estudiar mecanografía en la academia y practicábamos en una máquina ciega, él era bien rápido escribiendo, tanto que le veía las manos borrosas como en una fotografía desenfocada, él decía que yo era más rápida que él, pero yo nunca me lo creí, pensaba que él lo decía para motivarme a ser mejor y superarme; y sigo escuchando el sonido del refrigerador hum bum bumbum bum y luego el ruido de un carro; y me levanto y desconecto la nevera, ¡ay que alivio! Espera, ahora escucho otro sonido que parece que sale de mi pequeño refrigerador, es un sonido ininterrumpido que hace tarifaftarifaestatariffaestafaaa, es como si aún despues de haberla apagado, la nevera siguera funcionando, encendida, chupando energía, "¡coño, carajo tíguere, cállate!" escucho en mi mente la voz de mi abuela Madrecita gritándole al perro, que babeaba y ladraba ferozmente al mediodía, mientras ella afanaba en el patio de la hacienda Oficios, cocinando en su anafe de alumino que ponía en el suelo, en el mismo centro del patio de la casa, luego de haberlo encendido con cuaba y carbón; y mientras escribo esto, me paso la mano izquierda por la frente hacia arriba, me agarro los cabellos y me los estiro hacia arriba como si fuera un Mohawk y luego me hago un ricito y luego un moñito, y escucho los ruidos de los carros y luego un sonido de coches de caballos ¡carajo!. A mi papá no le gustaba que mi mamá usara pantalones y tal vez por eso sólo me ponían vestidos y faldas; y lloro al observar que, en efecto, la basura vegetal produce mucho calor, como había estado conversando con mi hermana Moringa Maricela en estos días, y que, por lo tanto, no hay excusas para que los gobiernos y corporaciones nos engañen contaminando el medio ambiente con la energía eléctrica, el gas, la gasolina, el gasoil, y nos cobren unos precios tan altos por estos servicios, cuando bien podrían utilizar la basura vegetal o biodegradable para producir energía sana.

Y escucho en mi mente la canción de Yoskar Sarante, "Llora Amma mía, llora Amma mía . . ."

Y paro de llorar y hago un mini-performance con el cubo de la basura cantando la canción de Solano de los años 70, "Por amor, se han creado los hombres, en la faz de la tierra, por amor, hay quien haya querido, regalar una estrella, por amor, fue una vez al calvario, con una cruz a cuestas, aquel, que también por amor, entregó el alma entera, por amor, se confunden las aguas y en la fuente se besan, y en las alas de la mariposa, los colores se crean, por amor, ya no llevo las cruces que me dio el sufrimiento, y por ti, lo que fuera mi suerte, se cambio por amor, por amor, soy de ti, y seré, toda la vida, mientras viva, por amor soy de ti"; y oro.

Y al escribir esto, siento un dolor de cabeza en la parte frontal del cerebro y me quito los lentes; hace un tiempo decidí no usar más mis lentes ópticos, pues, como bien dice mi hermana, la Doctora Moringa Maricela, el marco de los anteojos obstaculiza la visión colateral y los lentes artificiales nos hacen perder agilidad para pensar, caminar, comunicarnos, y afectan el equilibrio del cuerpo humano.

El sueño azul

De niña era resistente como una piedra, pero a la resistencia física del añil le hacía falta el sosiego del azul claro o el azul turquesa, que adquiría mirando el cielo o cuando de adolescente aprendí a nadar en el mar. A mi papá no le gustaba la playa y siempre nos llevaba al río, pero a mi no me gustaba nadar en los ríos por las corrientes y las piedras, siempre salía abollada y aturdida, aunque sí me gustaba ver sus aguas y los remolinos que se forman en algunos puntos de aparente quietud que parecen espirales. Mi padre Teorema empezó a trabajar en el negocio de la sal en 1965, en plena Revolución de Abril; como la Guerra era en la capital y nosotros vivíamos en Santiago y allí no había tiroteos, él se iba sigilosamente al noroeste o al sur a conseguir la sal; él me contaba que la sal es un alimento esencial para el organismo y que por muchos años su consumo estuvo prohibido para la gente pobre de la India durante la monarquía inglesa, hasta que Gandhi liberó al pueblo de la "oppression, so they could all have free access to the mineral salt" (de la opresión, para que todos tuvieran libre acceso a la sal mineral); pero a mi papá le gustaba la comida bajita de sal, él decía "yo prefiero comer una comida desabrida a una comida salada"; mi padre Teorema también decía, "no hay tiempos malos para los negocios" y también me contó que las guerras son una oportunidad excelente para los negocios, "sólo hay que ser astuto y estar alerta para saber lo que la gente necesita y dónde conseguirlo".

Mi padre Teorema fue un comerciante muy próspero y muy trabajador, se independizó de su padre Papápancho cuando tenía 17 años; "Papá era muy tacaño", eso decía mi padre Teorema, que se levantaba todos los días a las seis de la mañana y se pegaba un peo estruendoso y decía, "vamo' al corte, vamo' al corte", para que nos levantásemos y nos fuéramos a la escuela, o a trabajar en el Molino de sal o en la Compraventa Cibao; "en la Guerra y en las catástrofes, como en todas las crisis, los hábiles y astutos son los que ganan" me dijo un día mi padre Teorema. A mi mamá siempre le ha gustado la playa, ella sabe nadar un poco y bollar, y siempre que vamos a Sosúa se queda sentada en una silla o en un cheilón ("chaise lounge") mirando a lo lejos, muy tranquila, pero pendiente de mi que me voy muy lejos nadando y le gusta que yo levante la mano y le diga adiós.

Y al contar esto, recuerdo que la última Semana Santa la pasamos en Sosúa y estando en un hotel que da a un arrecife sentí que algo me dijo que me tirara, yo miré las olas embravecidas con un intenso color azul turquesa, ya llevaba dos días sintiendo la necesidad de tirarme, así que cuando sentí que había llegado el momento y que el mar estaba más tranquilo, busqué mis aletas y escafandra y me despedí de mi mamá que estaba en la capilla, le entregué mis sandalias y las llaves de mi carro, ella me miró en silencio con cara de miedo y asombro, y me dijo "vete con Dios mi hija", bajé la escalera de piedra que da al arrecife y me senté en la base tranquila, esperando a que el mar me diera permiso para entrar, y cuando sentí que era bienvenida me dejé caer, pero, cuando caí y vi la inmensa profundidad del mar, la cercanía de las rocas del arrecife y el fuerte oleaje, me asusté, sentí asma y la primera idea que me vino a la cabeza fue "¡ay, se me olvidó usar el inhalador para el asma antes de entrar", luego miré la enorme distancia desde al arrecife hasta la orilla y me puse a llorar, recé, entré la cabeza al agua y vi una imagen oscura, era la cara de una mujer negra como Rosemery la chica que era mi novia, y le pedí perdón y le deseé bien y en ese momento me reconcilié conmigo misma, con Dios, con la naturaleza, di gracias a Dios por estar viva, por los desafíos de ese momento, por mi vida y mi posible muerte en ese instante y me volví agua, me volví pez, sentí que mi cuerpo se había desvanecido, que había perdido su forma y que no tenía razón para tener miedo porque Dios estaba conmigo, y me sentí confiada, segura de mi misma, feliz, decidí disfrutar el viaje, la experiencia, aceptando las consecuencias de mi acto; y así lo hice, empecé a ver los peces de colores, los corales, las rocas, la espuma, las olas, me olvidé de todo y, sin darme cuenta, el trayecto se acortó;

también observé que en la parte más profunda y limpia del mar no habían peces, pero que habían muchos peces en la parte más cercana a la costa, cerca de los hoteles, y que estaban comiendo plástico, sí, vasos plásticos y me quedé muy impactada y los miré y los miré por mucho rato viviendo y comiendo plástico; y el primer pensamiento que me vino a la mente fue, "somos el todo y las partes, las partes y el todo, el todo de las partes y las partes del todo"; siempre he dicho que cuando muera quiero que incineren mi cuerpo y tiren las cenizas en las aguas del Atlántico en Sosúa y mi madre Margarita de Austria dice que ella está de acuerdo, pero también dice, "si mueres antes que yo, voy a tirar una parte de tus cenizas al mar y la otra me la llevaré a la casa porque yo quiero tener a mi muertica conmigo"; y ya en la playa, mientras nadaba, vi una persona con una aleta color verde y otra naranja y lo seguí, y luego él se me acercó y me saludó, no recuerdo su nombre, pero era haitiano y empezaba con "J", yo le pregunté "¿y tú que buscas aquí?" y él me respondió "busco tesoros" y él me preguntó "¿y tú?" y yo le dije "observo los tesoros que tú buscas", y entonces él me regaló una hermosa conchita verde que perdí mientras seguía nadando en el mar. Cuando me encontré con mi familia y les conté mi hazaña, cada uno tuvo una reacción diferente, a mi hermana Moringa Maricela le preocupó que no anduviese con una bolsita para recoger tesoros marinos como el buscador de tesoros que conocí, a Romeo Teódulo le encantó la idea de que el tubo de plástico que usé era de excelente calidad y se acordó del primer equipo de buceo de superficie que le regalé y de cuando íbamos juntos a nadar y me preguntó que si estaba sola y que si no había nadie por ahí que me acompañara y que es bueno bucear con un acompañante, al Príncipe Rainiero le gustó que me arriesgara y se acordó de lo buen nadador que es su hijo Principito que participa en un equipo de fragatas en el País Vasco y a quien yo le enseñé a nadar, y Alejandro Magno sintió mucho pánico al recordar su experiencia ahogándose en una piscina y me dijo, "pe, peeeroo tííia ¿y cómo e' que uté hace eso?, ¡no ombe, no tííia!", y Jacoba me miró con una mirada firme y profunda, como pidiéndome que la cargara y, así lo hice, me dio un beso, me abrazó fuertemente y me dijo, "Tití te quielo mucho" y yo le dije, "yo también te quiero mucho".

Y al contar esa anécdota surge en mi mente una estrofa de la balada, "como despertar si tú no estás . . ."

Yo tengo una buena relación con las piedras, pues, ellas me ayudan mucho a conectarme con Dios, en mi casa siempre tengo piedras; me gusta comprarlas a los artesanos, como mi amigo de Jarabacoa que siempre tiene las piedras apropiadas para mi, voy a verle y dejo que las piedras me hablen; cuando estaba muy enferma con los miomas uterinos fui a visitarle y vi un colgante con un jaspe hermoso y se lo compré, luego leí que era muy buena para la salud de los órganos sexuales, le compré una turmalina negra y comprobé que es buena como protección y cuando se está muchas horas frente a la computadora, también le compré un colgante de soladita que fortalece la comunicación, la voz y el espacio, luego de usarla por un tiempo se lo regalé a mi sobrinita Emenegilda Guadalupe porque mi hermana Natividad María dice que andaba medio en el aire y desubicada, un día compré un colgante de amatista que es una piedra que facilita la conexión con Dios y luego de usarla por un tiempo se la regalé a mi sobrina Venus Altagracia y a ella le gusta mucho, también le regalé a mi madre Margarita de Austria y a Moringa Maricela unos collares de amatista y cuarzo transparente que usé por un buen tiempo cuando tenía una deficiencia aguda del sistema inmune por exposición al campo electromagnético de la universalidad. Me gusta mucho la amatista y el cuarzo transparente porque son buenos refractores de la energía negativa y del electromagnetismo de las computadoras, celulares, microondas y los equipos electrónicos de control en los aeropuertos, como la pulsera de cuarzo transparente rústico que usé por varios años y a la que, curiosamente, ahora que recuerdo, siempre que se le caía una pieza y se rompía o se le gastaba el hilo plástico era porque algo malo estaba ocurriendo o iba a ocurrir, por muchos años me acompañó a lugares tan recónditos como Lanzarote en las Islas Canarias, la isla griega Lesbos y Estambul, y con ella practiqué buceo de superficie en Guayacanes, la Isla Saona y Bayahíbe.

Y al escribir esto recuerdo unas estrofas del merengue que canta Joseito, "baile compadre Juan, baile de aquí pa' llá, baile de allá pa' cá . . ."

Siempre que viajo compro piedras para mi y para regalar a mis familiares y amistades, creo, como en la Antigüedad, que el cosmos está reflejado en las piedras preciosas y, quizás, por esa antigua creencia la industria de la joyería las ha convertido en una gran herramienta de mercadeo, pero siempre encuentro piedras preciosas pulidas y rústicas a buen precio en distintos países como en Brasil, México, la India, España y en Playa Bonita en donde le hice un favor a una amiga y, curiosamente, ella me dio a elegir entre dos piedras para que escogiera la que más me gustara y allí estaba mi piedra favorita, el jade, que andaba deseando encontrarla hace tiempo y siento que, junto al cuarzo rosado que trabaja el amor, la intuición o el tercer ojo, el jade lo necesito porque su color verde trabaja el corazón.

El centro

Si ves una circunferencia y te paras en el centro, en el punto medio de la misma, ¿qué pasa con las otras partes? ¿se desvanecen? ¿se deshacen? ¿se evaporan? ¿se esfuman? El punto medio de la circunferencia no existe sin las demás partes de ella, porque todas las partes de la circunferencia se reflejan en el centro y el centro a su vez se proyecta en todas sus partes.

Nos aislamos del mundo pretendiendo que al adentrarnos en nosotros mismos estamos protegidos de los factores externos, pero eso es una ilusión que sólo ocurre en nuestra mente; nunca estamos aislados, siempre estamos en contacto con el exterior, y al escribir esto miro a la pared azul-grisacea de mi cocina y veo que detrás del velón de ruda se proyecta la imagen de una sombra como la de un ave rapaz negra y me impacto y sigo mirando y I put my glasses on and observe now that the image is that of two twin men, (me pongo los lentes y observe ahora que la imagen es la de dos hombres gemelos) or two men one with his face next to the other (o dos hombres uno con la cara pegada a la cara del otro), and the images cross over like if they were fussioned and then they separate (y las imágenes se entrecruzan como si estuvieran fusionadas y luego se separan), and I feel overwhelmed of looking at those images, (y me siento aturdida de tanto mirar esas imágenes), and now I see an oval pink-colored light in the middle of their faces like if it were covering their mouths (y ahora miro una luz ovalada color rosado en medio de sus caras como si estuviera cubriendo sus bocas), and I feel tranquil but my heart feels some sort of apprehension similar to the one I felt when I jumped into the sea in Sosúa, but I am not afraid (y me siento tranquila pero mi corazón siente cierta aprehensión similar a la que sentí cuando me tiré al mar en Sosúa, pero no siento miedo), I guess (creo), but my heart feels some fear, and I look at the images and continue to see the pink ball of light projected onto the images and I look still and exhale, and pay attention to my heart and it feels cold (pero mi corazón siente miedo y miro a las imágenes y continúo viendo la bola de luz rosada proyectada sobre las imágenes y miro fíjamente y exhalo, y observe mi corazón y lo siento frío), my heart feels cold like if there were a knife cutting it (siento mi corazón helado como si un cuchillo lo estuviese cortando), similar to how I felt sometimes when I was with Rosemery or Arizona and they launched negative feelings or thoughts towards me and I immediately reacted saying "I feel the cold knive cut in my heart right now" and they fricked out like f I had discovered their secrets (similar a como me sentía algunas veces cuando estaba con Rosemery o con Arizona y ellas me lanzaban sentimientos o pensamientos negativos y yo reaccionaba inmediatamente diciendo, "siento el corte de un cuchillo frío en mi corazón ahora mismo" y ellas se friqueaban como si yo hubiese descubierto sus secretos), and now the cold feeling has gone away and I continue to write (y ahora la sensación de frío se ha ido y continúo escribiendo). Y luego de escribir esto me viene a la memoria la sensación de miedo que sentí en Playa Bonita cuando me metí al agua con mi equipo de snorkel (buceo de superficie) y mientras me adentraba al mar, de repente, vi la imagen de un hombre que estaba flotando boca abajo, me sumergí para verle la cara pero al mirar de abajo hacia arriba no logré ver nada y pensé "este debe ser el espíritu de alguien que se ahogó aquí" y, en un primer momento no sentí miedo, pero quise seguir nadando hacia dentro del mar y an energy or force halted me and then

I felt frightened and I swam out towards the shore as fast as I could, but, as much as I tried to advance, longer it took me because I believe the fear did not let me, (una energía o fuerza me lo impidió y entonces sentí miedo y nadé hacia la orilla lo más rápido que pude pero, mientras más trataba de avanzar, más tiempo tardaba, porque creo que el miedo no me dejaba), and now while I narrate this I feel a tightening sensation in my heart like if the memory, the mind, while transporting it to that place also transported me and my heart feels the same sensation I felt at this moment like if I were there right now (y al narrar esto, siento una sensación de sobrecogimiento en mi corazón como si la memoria, la mente, al trasladarse a ese lugar me trasladara a mi también y mi corazón siente la misma sensación que sentí en aquel momento como si yo estuviese allí ahora mismo).

Y es que, el exterior, lo de afuera, nos influye, nos afecta, nos conmueve, nos hace ser lo que somos. En esencia, no existe el interior sin el exterior, no existe lo de adentro sin lo de afuera. Cómo reconciliar ambos espacios, ahí esta la clave y no siempre sabemos como hacerlo, no siempre sabemos manejar ambos espacios y manejarnos en ellos. Vivimos en un proceso de aprendizaje constante, tratando de superar nuestras imperfecciones, tratando de entender por qué nos pasa esto o aquello, por qué sopla el viento de esta forma, por qué suenan las hojas de los árboles, por qué pasan los autos, por qué se mueve la luz de la vela si no hay corriente de aire y por qué se mueve cuando hay corriente de aire, y el azul del cielo por qué cambia a gris. Siempre estamos tratando de buscar una explicación a todos los fenómenos que pasan, a todas las vivencias que tenemos, a nuestros sentires, a nuestras emociones, siempre queriendo saber.

Y canto en mi mente, "y yo te diré, temblando la voz, el tiempo va de prisa y ese día que soñamos vendrá, apaga la luz . . ."

¿Para qué queremos saber? Para alimentar nuestro ego, para decir que comprendemos tal o cual cosa, tal o cual fenómeno y colocarnos en un punto en el que nos creemos sobrehumanos, super conocedores de todo, super preparados para enfrentar el mundo y sus dificultades; claro, hasta que nos sucede el primer problema, confrontamos la primera dificultad y en ese mismo instante nos desplomamos, sentimos que no somos nada, que no somos nadie, que nuestras capacidades son tan limitadas que apenas podemos percibirlas y perdemos la cabeza, perdemos el centro, ese centro imaginario de nuestra existencia, ese lugar en el que creíamos estábamos seguros, protegidos, guarecidos, cubiertos, resguardados contra toda tempestad. Y caemos una y otra vez, nos equivocamos una y otra vez, y cada vez que nos equivocamos volvemos a sentir la misma sensación de pérdida, de desasosiego, como si fuera la primera y esperando que sea la última porque, claro, cómo podemos permitirnos equivocarnos teniendo una naturaleza tan perfecta, tan especial, tan estructurada y organizada, tan carente de imperfecciones, tan consciente.

Y a nosotros, quién nos patrocina, quién nos hace creer en semejante falacia de la perfección, quién nos hace pensar y esperar que la vida es un juego y que en el somos los ganadores, ¿ganadores de qué?, ¿qué juego?, ¿qué ganancia? Respirar es lo único que podemos hacer sin darnos cuenta y cuando observamos la respiración, cuando apreciamos la naturaleza de la misma, su inconstancia y su materialidad, nos asustamos, por qué nos asustamos, porque nos damos cuenta de que ahí está la muerte, la muerte y la vida, la vida y la muerte a cada instante, a cada segundo, a cada milésima de segundo y que si el segundo falla, si el aliento no sale, si el aire no entra, nos podemos morir. Un suspiro y ¡ah!, ahí nos detenemos a escuchar el trinar de los pajaritos, el auto al que le abren y le cierran la puerta, el motor que arranca, el sonido de las ruedas cuando pisan el pavimento, nuestro corazón, nuestro centro y, entonces, encontramos nuestro centro, que no está en la circunferencia, sino en todas partes, dentro y fuera de ella, está en nuestros oídos, en el sonido del carro que transita por la calle y sus ruedas que se deslizan con rapidez, está en el ruido del refrigerador, está en la conversación que con entusiasmo sostiene mi hermana Natividad María con mi sobrina Andriana en la cocina, está en el delicioso sabor amargo-dulce-salado del chocolate con almendras que me acaba de ofrecer mi hermana Natividad María, está en la suave brisa que toca nuestra nariz, está en la bocina de los coches, está en el sonido del viento que sentimos por el oído derecho, está en nuestro pie Izquierdo adormecido, está en el sonido del celular activado por un mensaje que entra al internet, está en el ladrido del perro en el parque, porque nuestro centro está en todas partes, está en nuestros dedos y sus pulsaciones del teclado de la computadora portátil. Y nos damos cuenta de que el centro emana de las partes y se proyecta hacia las partes y las partes emanan del centro y se proyectan hacia el centro en un movimiento constante, indetenible, indeleble, inmanente.

Y al decir esto escucho en mi mente el merengue de Villalona, "mi vida eres tú y solamente tú, tu tu tu . . ."

Y ahora que digo esto, creo comprender por qué nuestro centro está en todas partes y se desplaza hacia todas partes, es porque el alma es nuestro centro. Y, entonces, si nos trasplantan el corazón de otra persona y empezamos a actuar de manera diferente y a sentir de manera diferente, ¿que habrá pasado con nuestra alma, se habrá desvanecido, habrá desaparecido, se habrá ido a otra parte? Creo que nuestra alma sigue viva aunque esté en el mismo cuerpo o en un cuerpo diferente, porque el alma es inmanente.

Y me susurra al oído el bolerito, "si yo encontrara un alma, como la mía . . ."

Yo por ejemplo, hace unos meses tuve un sueño en el que unos seres extraterrestres, a los que no pude ver, me raptaron y me dieron cargas electromagnéticas muy fuertes, tan fuertes, que mi cuerpo se estremeció intensamente por un tiempo indefinido, pero yo no me resistí, me quedé tranquila, acostada de lado, inmóvil, como si estuviera meditando, observando las sensaciones del cuerpo sin reaccionar y, en un instante, me pasaron varias pantallas por los ojos con imágenes, algunas de las cuales ahora no recuerdo, y para aquietar mi mente me puse a repetir mentalmente el sonido "A" o mantra del sexto y séptimo chacras, pero, de pronto, una voz femenina muy dulce me dijo, "no cantes, no reces, no hagas nada, quédate tranquila y no te muevas, deja que ellos hagan lo que quieran y no te preocupes, no te va a pasar nada, nosotros te protegeremos, sólo mira las imágenes que te estamos proyectando en esta pantalla" y creo recordar que fue así como pude ver mi cuerpo y las cargas electromagnéticas de color verde lumínico rodeando toda la aureola de mi cuerpo, eran parecidas a las luces de neón que usan algunos restaurantes y sitios comerciales y que proyectan en el firmamento algunos lugares nocturnos de Santo Domingo cuando tienen fiestas masivas; mientras, yo seguía acostada del lado derecho con el lado izquierdo hacia arriba, mi corazón tranquilo y mi cuerpo inmóvil como una piedra, pero titiritando, dando saltos como si estuviera desnuda envuelta en una bola de nieve y en una cama eléctrica de las que usan para dar electroshock en los hospitales psiquiátricos o como las que usan en algunas cárceles de los Estados Unidos para eliminar a las personas que son halladas culpables de un crimen y condenadas a la pena de muerte; de repente, me levanto de mi cama nido y miro por la ventana y observo que han cambiado la estación, en lugar de verano era invierno, y en lugar de los árboles verdes del parque veo una enorme montaña de nieve y debajo unos osos gigantes, miro mi cama y veo unos ositos de peluche con vida jugando y saltando y los saco de la cama y los tiro por la ventana, y parecía como si la ventana no estuviera cerrada, como si estuviera sólo el marco sin el cristal, y al hacer esto miro mis manos y veo que no son las mías, miro mi cuerpo y veo que es un cuerpo diferente al mío, un cuerpo extraño que no era humano, parecía como el de un gusano gigantesco con anillos como el del muñeco de las gomas Michelin pero delgado y alto con los brazos y los dedos largos y la piel color crema oscuro como el papel de funda, y al hacer esto me doy cuenta de que me habían arrancado el corazón y lo habían colocado en ese otro cuerpo extraño que no era humano, y me entristezco y lloro, y me resisto a estar en ese cuerpo, y deseo intensamente recuperar mi naturaleza humana. Y al desear esto aparezco en otra dimensión, ya con mi cuerpo humano, y una voz me dice, "mírate, ¿para esto quieres ser humana?", me veo más joven y más delgada, con el pelo largo y rizo como lo llevaba hasta el 2006, y estoy en un cuarto frío, amplio, como si fuera el sótano de un hospital psiquiátrico y veo a mi hermana menor Natividad María haciendo ademanes firmes e insensibles con las manos y en silencio, sin hablar, dando instrucciones de lo que debían hacer conmigo e indicando que me dejaran ahí, sola y encerrada en ese sótano grande y frío porque ahí es donde yo debía estar, y yo lloraba y suplicaba "no me dejen aquí por favor, no me dejen aquí" y al lado de Natividad María veo a mi madre Margarita de Austria, ella está mucho mas joven, como en una fotografía de los años ochenta de cuando vivíamos en la Calle Mellada que hay en su habitación en el apartamento de Moringa Maricela, y lleva un vestido recto, corte francés, hasta la rodilla y de muchos colores brillantes y yo la llamo "mamá, mamá, ayúdeme por favor", pero ella está distante, ida, como fuera de sí, como si no fuera mi madre Margarita de Austria sino la actriz de una obra de teatro clásico, y ella me mira con cara de impotencia y me dice con la mirada que ella lo siente pero que no puede hacer nada y mira a Natividad María, como queriéndome decir que ella lo controla todo.

Y ahora, al recordar, resuena en mis oídos la estrofa de la balada de Anthony Ríos, "No te vayas mi amor, quédate un poco más, no te vayas . . ."

Ese día comprendí que el alma es inmanente, pues aunque mi corazón estaba en un hilo, mi alma estaba viva, firme como una roca, y mi fe en Dios estaba inalterable y más sólida que nunca. Y lo puedo decir yo, a quien unos meses después de este episodio todos los diagnósticos médicos y las pruebas de laboratorio ultrasonido y fototónicas confirmaron que mis órganos estaban alterados o inflamados y sin a penas funcionar y mis índices de hemoglobina eran tan bajos que llegaron a 5.0 y mi sangre era rosada clara, casi transparente como el agua.

Y ahora, al escribir esto, miro la luz del velón de ruda que se expande en forma de estrella con muchos vectores y en su centro aparece la figura de un hombre o mujer con los brazos abiertos, luego la luz se expande y se proyecta en la pared azul y veo una figura humana y de pájaro con alas blancas grandes y un círculo rosado en la frente; la forma del velón se ve como la de la pantalla de cristal de una lámpara de gas de las que se usan en la República cuando no hay luz eléctrica, tiene forma ovalada como una copa que es ancha abajo y estrecha arriba, y en el centro veo una la luz dorada en forma de red que al expandirse cambia de forma y parece un ángel, o una figura humana con los brazos y las piernas abiertas como si estuviera corriendo o saltando hacia atrás, y esa imagen se proyecta en la pared azul y parece un ave, o una figura angelical blanca con un "hoody" (capote) rosado y miro al

 lado hacia el florerito con el ramito de cilantro fino y veo que sale una sombra color verde intenso que vuela como un pájaro y la luz de la lámpara

se expande y vuelvo a ver las ramitas de recao, y ahora sale otra vez el pájaro y luego la sombra verde se posa sobre el florerito con las ramitas de cilantro y la luz de la lámpara refleja una forma de pájaro también o de ángel, es como si los vectores de la figura del velón, que parece una red, se expandieran en la pared y ascendieran hacia arriba como las alas de una paloma con un "hoody" (capote) color rosado, y el florero con los tulipanes no parece un florero, parece otra cosa, no veo los tulipanes, sólo veo las ramas verdes, el follaje verde y esa luz rosada que se convierte en un círculo denso en la cabeza de esa figura que parece un ángel y que abre sus alas como un pájaro hacia arriba y la sombra verde se posa sobre los tulipanes que no parecen tulipanes sino una sombra color verde intenso; suspiro por la emoción y, por un momento, dejo de escribir, me quedo mirando fijamente a la pared y luego vuelvo a escribir, miro el teclado por un segundo y vuelvo a mirar el velón, que sigue pareciendo una lámpara de gas con una pantalla de cristal en forma de copa en cuyo centro hay una figura que se expande como si fuera un corazón, como si fuera una red, como si fuera un pájaro color dorado y cambia de forma, y la luz se refleja en el piso de madera y vuelve a salir el pájaro verde volando hacia arriba y allá arriba se convierte en un círculo morado, como si fuera una bola de nieve o de algodón color morado intenso, y se esfuma en el techo color amarillo y luego se vuelve blanco y vuelvo a mirar el velón que parece una lámpara de gas y veo que las alas del pájaro son más grandes, es un pájaro blanco con un círculo de algodón rosado en la frente que parece de humano, sí, la frente parece de un ser humano, es la figura de un ser con todo blanco, y vuelvo a ver la sombra pero ahora es de color morado y se posa en la cabeza del ser que parece humano pero que tiene alas grandes como un pájaro con un "hoody" (capote) rosado.

Yo, que me creía conocedora de todos sus síntomas y de todas sus situaciones, me di cuenta al instante de que Arizona estaba en crisis, pero traté de disimular. De todos modos, ella ya estuvo comportándose de forma muy extraña cuando íbamos hacia el consultorio de la Dra. Quisqueya Maytí en New Jersey. Incluso, nos perdimos cuando estábamos en la estación de autobuses y en un momento le grité para que reaccionara, pues, ella estuvo haciendo todo lo posible para que llegáramos tarde a la cita. Y no era la primera vez que me perdía andando con ella, ya me había pasado algo semejante manejando con ella desde las Terrenas a Santiago.

Todavía en ese momento y hasta hace poco no comprendía por qué me desorientaba cuando andaba con Rosmery o con

Arizona, tampoco comprendía por qué me enfermaba o por qué mi ritmo cardíaco se aceleraba de manera desaprensiva e inesperada en cualquier lugar, espacio o momento. Ahora lo sé y también sé cómo cuidarme, soy espiritualmente adulta. Y al decir esto oro a mi Ser Supremo, "Lo siento. Por favor perdóname. Te amo. Gracias", y luego rezo el Rosario: "Dios te salve María, llena eres de gracia, el Señor es contigo, bendita tú eres entre todas las mujeres y bendito es el fruto de tu vientre Jesús", "Santa María, Madre de Dios, ruega por nosotros los pecadores, ahora y en la hora de nuestra muerte, amén".

Y ahora, mientras escribo, abro el sitio de YouTube y veo y escucho a un famoso médico alemán hablar de que el cáncer se cura, que los médicos y científicos lo saben, pero que su expansión produce pingües beneficios a las corporaciones petroquímicas y farmacéuticas mediante la fabricación desaprensiva de medicamentos que prolongan la enfermedad y generan otras enfermedades. Y ahora, mientras escribo esto, giro mis ojos hacia el lado izquierdo y vuelvo a mirar mi pared con el dibujo de mi cometa verde jade en forma de diamante y las figuras que le circundan en forma de triángulos, círculos en órbita como si fueran naves espaciales, la letra "C" al derecho y del revés, vetas color naranja, verde, amarillo, gusanitos, esprines o tirabuzones, naves giratorias voladoras, signos de interrogación "?", cuerdas, tiras, triángulos invertidos que tienen la forma de la letra "A", gusanitos. Y pienso en mi postre favorito, un capuchino con pan de guineo y nueces (banana nutbread), que desde hace meses no puedo comer porque estoy haciendo una dieta estrictamente vegetariana sin lácteos, sin gluten y sin azúcar, tampoco debo tomar café, pero me tomo un poquito de café orgánico con cardamomo de vez en cuando. Me siento sana y feliz con mis vitaminas y aceites esenciales; mi favorito es el Frankincense, que según cuentan las tradiciones bíblicas fue el incienso que le llevaron de regalo los Reyes Magos al Niño Jesús. Y, ahora, mientras escribo esto, abro de nuevo el Youtube y veo y escucho a un periodista español hablar de la tercera Guerra mundial que él pronostica que ocurrirá en enero debido al cerco de Irán al tráfico petrolero hacia Europa y los Estados Unidos. Y miro el cuadro con la bailarina tailandesa y el tíguere que está colocado en la pared encima de mi altar, me levanto y lo quito, pues desde que hice la limpieza y transformación en mi apartamento me deshice de todas las obras de arte excepto el Enso que dibujé en una clase de Autología del Performance en Ay Ombe Theatre para encontrar mi centro; con esa sola clase aprendí a pintar y ahora sólo tengo en mi casa mis propias pinturas, mis propias artesanías y mi propio arte; y, de repente, recuerdo el sueño que tuve esta madrugada en el que de nuevo recibí descargas electromagnéticas muy fuertes, esta vez, para tranquilizarme, repetí en mi mente, con voz temblorosa por las descargas, "Am sorry. Please forgive me. I love you. Thank you". "Am sorry. Please forgive me. I love you. Thank you". "Am sorry. Please forgive me. I love you. Thank you". ("Lo siento. Por favor perdóname. Te amo. Gracias").

Y, por primera vez escribo que doy gracias a mis Maestros y Maestras de Luz, por haberme elegido para escribir estas páginas según la voluntad de Dios y para el beneficio de la humanidad, y este tributo debo hacerlo cada vez que voy a empezar a escribir y cada vez que termino, pero hasta ahora no he sido constante en mi ritual, sobre todo al terminar y cuando escribo fuera de mi hogar, pero me perdono y pido perdón y prometo que lo haré siempre, porque la escritura es un arte y, como todo lo bueno y humanamente creativo que hacemos en esta vida, es un designio y un regalo divino. Amén.

Tenía los ojos cerrados pero vi que levantaron mi cuerpo del suelo, sentí que un hombre me llevaba en sus brazos y en un instante abrí un poquito el ojo derecho y vi su cara por la rabilla del ojo, era un tipo de rasgos asiáticos, luego abrí un poquito el ojo izquierdo y por el rabillo observé que la cara era la de un tigre-hombre, un hombre-tíguere, iba caminando por una zona desértica conmigo en brazos, de pronto sentí que me dio un rasguño y me hizo una herida incisiva en el cuello y que me dejó de pie en ese lugar, era como un descampado árido y frío en el que a lo lejos veía pequeñas casas de campaña con mujeres pobres que estaban sentadas dentro y sacaban la cabeza por las rendijas frontales de las tiendas, tenían el pelo largo negro y la tez morena como las indígenas taínas, yo tenía la mano izquierda puesta en el lado derecho del cuello y la derecha encima de la izquierda, agarrándome la herida para que no se me desangrara, en ese momento desperté, abrí los ojos, tenía los brazos abrazándome todo el cuerpo, me sobé el cuello, miré mis manos para ver si tenía sangre, me di cuenta de que era un sueño y que mi cuerpo estaba en la misma posición lateral en que me había acostado y que mi corazón estaba tranquilo, miré hacia la ventana y estaba muy oscuro, entonces decidí volver a dormir y así lo hice, tranquila y placenteramente. En la mañana me dio mucho trabajo despertar, abrí los ojos varias veces en la madrugada para despertarme, pero volví a quedarme dormida, luego me desperté de nuevo y luché un buen rato, me senté y me quedé dormida sentada, hasta que hice la posición fetal, me ventosié larga y sonoramente como de costumbre y me reí, y de nuevo recordé la narrativa de Las Casas de que los taínos se ventoseaban y se reían, abrí y cerré los ojos varias veces en la posición fetal y me dio resultado porque finalmente pude despertarme, ya eran pasadas las ocho. Y ahora canto en mi mente la estrofilla del merengue de Miriam Cruz que dice, "te sienta bien con el sol . . ."

Al levantarme pensé en el sueño, sentí que me llevaron de nuevo, pero que esta vez el viaje fue corto, me llevaron a algún país de Asia, aunque el escenario era parecido al que viví una noche en la zona pobre de un pueblo de Marruecos, en Marrakech quizás, y las mujeres bien podían ser de la India pues me recordaron a las mujeres pobres que habitan en casuchas de cartón en el centro de Mumbai (antiguamente Bombay), y me regañé por haber repetido el Hooponomo en lugar de haberme quedado tranquila y en silencio siguiendo las instrucciones de mis ancestros Masthi, Masthone, Melethé, Bonzze, Franz, Mulkund, Osene, Yuna, Sice y Oini la primera vez. Pensé que quizás esto sucedió de nuevo porque antes de acostarme estuve escribiendo sobre Arizona y el episodio con los extraterrestres; pero me pregunté, ¿cómo pudieron haber entrado si ya Arizona no está aquí, todo está cambiado y la casa está limpia y tengo puesto mi velón de ruda? Fui al baño y a oscuras seguí haciéndome la misma pregunta, luego fui a la cocina, tomé agua de mi tinajita, vine a mi altar, recé, me tomé las esencias de flores y mediante una de las técnicas de kinesiología hice la pregunta a mi Ser Supremo de si sólo se trataba de un sueño o de si en realidad me llevaron y me sacaron de mi cuerpo, y la respuesta fue afirmativa, entonces me dije: "¡andaaá, perooo otra vez!", me senté a escribir, pero no encontré la respuesta hasta después de mucho rato de estar sentada en mi cojín en el suelo, envuelta en mi quilto ("quilt") azul claro y siento que mi ángel no está, siento que me ha abandonado, que ya no quiere acompañarme en mi escritura, miro la hora, siento pena, eran las 9:28, decido ponerme a meditar y entonces observo que mi Ángel Azul reaparece y me da la señal "M" y miro el cuadro con la bailarina y el tigre que desde hace un par de días volví a colgar en la pared encima del altar y me levanto y lo quito de la pared y al hacerlo, zas, me doy cuenta de todo y me digo "es el cuadro, es el cuadro y este es el tigre-hombre, el hombre-tíguere del sueño", entonces empiezo a concatenar las ideas, claro, este cuadro estaba colgado aquí cuando Arizona vivía conmigo y ahora recuerdo que ella se quedaba sentada en el futón mirando fija al cuadro y también recuerdo que, si bien los colores vibrantes que tenía mi mamá en el vestido de corte francés eran los de la tapa de la mesita de madera africana que compré andando con Natividad María en el mismo anticuario en donde compré este cuadro, y me deshice de la mesita, también es cierto que el brillo de los colores era similar a los de este cuadro, entonces, esto quiere decir que los extraterrestres registraron este cuadro y todos los objetos de la casa a través de la memoria de Arizona, porque, como bien me confirmó la Dra. Maytí, ella fue raptada (abducted) por extraterrestres; y como yo también sé, al igual que Rosmery no quería liberarse de sus posesiones demoníacas, Arizona no quiere curarse, y por eso Quisqueya Maytí insistió en que algo pasaba en mi familia y en mi casa y que mis ancestros Masthi, Masthone, Melethé, Bonzze, Franz, Mulkund, Osene, Yuna, Sice y Oini querían que yo hiciera un "fen shui" y que escribiera este panfleto, y es por eso que aquel día después de mi limpieza física y espiritual empecé a deshacerme de todo y cuando llamé a mi familia para que me ayudaran a vaciar la casa y les pedí que buscaran un "U-haul" (camión de mudanzas) para que se llevaran todo a un almacén o lo botaran o lo vendieran o lo cogieran para ellos, cuando llegaron yo me di cuenta de que Arizona seguía con los mismos síntomas de automatización, deshonestidad, ineficacia, falta de fe, apego material, problemas de salud, y le veía un círculo concéntrico color rosa fucsia incandescente en el tercer ojo, y, en efecto, pensé que Arizona me había llamado la policía bajo el alegato de que yo estaba loca y tenía raptada a mi mamá y, luego, Arizona fue quien me contó como sucedió todo, pero yo creí que ella mentía cuando, con voz agitada, me dijo que no tenía nada que ver con el tema de la policía; pero eso sentí cuando en medio del drama le vociferé: "Arizona, saca tu celular y fírmalo todo" y ella, rápidamente, cogió una pose de estudiante de cine por correspondencia y lo hizo, y yo empecé a vociferar "you are treating me like a terrorist, but am not a terrorist I am a DominicAaan lesbiAaan, am a lesbiAaan DominicAaan", "ustedes me tratan como una terroristAaa, pero yo no soy una terroristAaa, soy una lesbianAaa dominicanAaa", y eso fue lo que dedujo mi sobrino Romeo Teódulo cuando, al contarle por teléfono lo sucedido, se escandalizó ante tal atropello y abuso, y rápidamente comentó, "ahora Arizona debe estar contenta porque ya tiene el argumento y las imágenes para su película" y ambos no reímos en complicidad, pero luego me pregunté, ¿y cómo es que Romeo Teódulo, la persona a quien yo más quiero en mi familia después de mi mamá, es tan rápido en sus razonamientos y tan inteligente y tiene tan buen sentido del humor? Me imagino mi vínculo con él en vidas pasadas, fuimos buenos amigos, ambos éramos hombres y ambos trabajábamos juntos en la guardia personal de un cacique de la Isla a la que los taínos llamaban "Maytí", veo a través de mi memoria ancestral, mi ADN, que ambos nos sentábamos juntos por las noches en las afueras del batey en dos sillas de guano que colocábamos inclinadas de espaldas al portón y de frente al monte y ahí nos contábamos nuestras vidas y milagros, hacíamos cuentos y nos decíamos anécdotas, nosotros solos en la luz de los atardeceres y en las nocturnidades quisqueyanas; nos reíamos mucho, como lo hacemos ahora, nos gusta hablar cuando estamos solos, nos tenemos mucha confianza y respeto el uno al otro, siempre que nos juntamos él me cuenta sus cosas y yo las mías con lujo de detalles y sin vergüenza alguna; Moringa Maricela, que yo imagino fue mi hermana menor en una vida pasada, dice que yo soy la única persona a quien él siempre escucha y le tiene confianza y yo sonrío por dentro. El otro día le dije, "come mucho verde mi hijo, mucho verde"; el tiene un poloché ("polo shirt") rosado que le queda muy bien. Y al contar esto me viene a la mente el estribillo de la canción de Rafael Solano que dice, "No hay tierra tan hermosa, como la mía, bañada

por los mares, de blanca espuma, parece una gaviota, de blancas plumas, dormida en las orillas, del ancho mar . . ."

Y ahora miro el velón blanco que está colocado en el suelo en mi baño en frente de mi mientras escribo sentada en el sanitario y observo que la luz relampaguea constantemente y miro hacia la pared y veo el reflejo de la luz en la pared y miro hacia la bañera y veo la luz de la "laptop" reflejada en las losetas y miro al pasillo oscuro y veo que la luz del día a penas se refleja en la pared porque hoy, al igual que ayer, el día está gris y el sol a penas se asoma, y vuelvo a mirar el velón y su lucecita parpadea como si un soplo de aire quisiera apagarlo y me pregunto "¿de dónde vendrá ese aire?", cierro la puerta del baño y la luz del velón sigue relampagueando, lo agarro y lo levanto y se apaga solo, observo la oscuridad y me digo "hace tiempo ya que no le tengo miedo a la oscuridad, hace tiempo ya que no le temo a mis sombras", y miro alrededor, todo está oscuro pero en medio de la oscuridad veo círculos concéntricos y difusos de luz rosada, como si fueran nimitas en la noche, enciendo la luz, miro hacia adentro del sanitario para observar mi obra y digo, "uf, huele a letrina", lo descargo, me lavo las manos con mi jaboncito de cuaba y me seco con mi toallita rosada de manos, apago la luz, salgo hacia mi salita y sigo escribiendo, ahora con la portátil encima de mi cama nido y yo inclinada en el suelo en posición de rezo con mi pantaloncito largo verde y mi camisetita manga larga rosada, luego me levanto y voy al baño para ver de nuevo la oscuridad y la luz en la oscuridad, y observo que mis ojos proyectan una luz intensa como si fueran nubes y con una intensidad y forma parecidas a las de la pantalla de la laptop, tomo un sorbito de Mate y me digo, "esto lo he notado otras veces, es como si la luz que recibo de afuera se proyectara hacia adentro, entonces si me quedo viendo la pantalla por mucho rato al entrar en un espacio oscuro esa es la luz que veo por un rato" y me pregunto "pero, ¿y dónde está mi propia luz, esa luz rosada que vi antes?", entonces miro alrededor y miro mi cuerpo de arriba hacia abajo y veo esa luz rosada en forma de círculos nímicos y también en forma de veta que desciende desde mi cuello hasta mi ombligo y luego sigo mirando hacia arriba y veo que esa luz es ahora un círculo de color verde que se mueve como una espiral de adentro hacia fuera en forma centrífuga, sonrío y me digo "esta es mi luz, esta es mi verdadera luz", y me levanto y voy al baño de nuevo y cierro la puerta con la luz apagada y observo de nuevo la luz intensa blanca en forma de nubes y me siento por un rato en la oscuridad y observo que esa luz se desvanece y miro alrededor y todo está muy oscuro y me quedo tranquila sentada mirando la oscuridad y, como en otras ocasiones, cierro los ojos y los abro y los cierro y me doy cuenta que lo mismo que veo o no veo afuera lo veo o no lo veo adentro y lo que veo son sombras y espirales de luces centrífugas y centrípetas de color verde jade y también rosado y violeta, y abro los ojos y miro hacia arriba y veo esa espiralita color verde relampagueando como un planeta y miro hacia los lados y veo estrellitas blancas y sonrío, y vuelvo a cerrar los ojos y a abrirlos y en el mismo proceso sigo viendo más luces dentro y fuera de mi y son de diversos colores, azul índigo, azul turquesa, rosado, morado, y también miro alrededor vetas de luces blancas y me pregunto "¿de dónde vienen si la puerta está herméticamente cerrada y la alfombrilla blanca cubre la rendija que hay debajo de la puerta?" Y, entonces, razono por un momento y pienso que, si somos luz y somos sombra, si somos aire y somos olores y somos sabores y somos colores y somos sonidos, la luz, la sombra al igual que el aire, al igual que el olor, el sabor, el color, el sonido que percibo, veo, huelo, siento, que escucho afuera también está dentro de mi y lo que está dentro de mi también está afuera; y que por eso la luz del velón relampagueaba y no era porque alguna corriente de aire específica de afuera lo estuviese soplando, sino porque mi aire, mi oxígeno, mi energía lo estaba soplando aún a tres pies de distancia y que los olores, sabores, colores están íntimamente conectados con nuestros pensamientos, sentimientos, deseos, aún y cuando no estemos conscientes de ello, y entonces voy a la cocina con este pensamiento a prepararme el desayuno, y recuerdo lo que leí ayer sobre lo dañino que es el aluminio para la salud y que mis ancestros Masthi, Masthone, Melethé, Bonzze, Franz, Mulkund, Osene, Yuna, Sice y Oini llevan tiempo diciéndome que no use el comal de aluminio que compré en México para tostar el pan, que no fue para eso que lo compré sino para aislar el calor de la estufa hacia la olla con el pote de cristal en baño de María en el que debo poner el aceite base con las hojas o las flores. Y escucho en mis oídos la canción, "ay, si las flores pudieran hablar, gritarían te amo . . ."

Y también dicen que es mejor hacerme las tostadas en la ollita de barro, pero como está ocupada con las berenjenas que me preparé anoche, pienso que en su lugar es incluso mejor tostar el pan sin gluten en la tostadora porque, aunque desprende electricidad y tiene láminas de metal y quizás aluminio, el contacto no es tan directo ni tan duradero como en el comal de aluminio, y aunque no estoy convencida de mi razonamiento me hago unas tostadas en la tostadora eléctrica y luego le pongo mantequilla de aceite de coco y hiervo el agua para un té de jasmín y al hacerlo pienso que mi té preferido es el darjeeling y que en algún momento debo ir a comprarlo y entonces salgo al comedor a desayunar y observo que hay poca claridad y abro las cortinas y miro al cielo y observo que la luz blanca y resplandeciente en forma de nubes densas que vi en el baño la última vez eran iguales a estas nubes blancas con luz resplandeciente que veo ahora y me pregunto, "¿pero cómo es posible que haya podido ver esta misma luz antes en el baño si hasta ahora no había abierto las cortinas y no había visto la luz exterior y desde adentro todo se veía nublado?", y pienso que, entonces, esto quiere decir que no sólo reflejamos lo de afuera hacia adentro cuando lo vemos y cuando lo sentimos, sino aún cuando no lo vemos y aún cuando no lo sentimos, y de esa misma forma reflejamos lo de adentro hacia afuera, porque el reflejo de nuestra imaginación, de nuestros pensamientos y de nuestros sentimientos va más allá del tiempo, del espacio y de la distancia, y miro las arrugas en mis manos y observo que estoy envejeciendo, y sonrío, luego me digo: "cada vez que piense en alguien voy a enviarle amor, voy a enviarle luz verde", y dirijo mi mirada hacia mi altar y me digo: "enviaré luz verde como el color y el olor del cilantro" y voy a la cocina a prepararme otro té y destapo el pote de té verde y el de jasmín y me digo: "voy a enviar luz verde como el té verde o como el té de jasmín que también es verde", y en ese momento me llega a la mente la cara de Irguaitiá con una sonrisota oliendo el recaito verde y pienso, "de ahora en adelante no articularé en mi mente conversaciones ni diálogos con la gente, pensaré en sus caras, les enviaré recaito verde como el que adorna mi altar, les enviaré jade verde", y pienso en mi amigo Estéfan y lo veo feliz en su pasto verde, y pienso que voy a desarrollar mi proyecto verde y que ahora voy a trabajar en mi viverito verde hecho de desechos orgánicos de mis vegetales y flores, y al pensar y sentir esto me siento bien, me siento alegre, me siento tranquila y en paz conmigo misma y con el universo. Y miro en mi mente la imagen de Pololo en el anuncio con dibujos animados de la Presidente diciendo, "veide que te quiero veide . . .".

El Aquí

Si me levanto, miro por la ventana al cielo azul de esta mañana de otoño y veo una nube blanca que parece desprenderse de el pero que a la vez tiene vida propia, moldeada con formas de un animal gigantesco, un ave, un dinosaurio, de repente el viento sopla fuerte, dejo de mirar, me siento a escribir en el suelo, envuelta en mi edredón azul índigo y, en un instante, en una milésima de segundos, vuelvo a mirar el cielo y ya el azul no está tan azul, es grisáceo y la nube ya no está, miro por todas partes y no veo ni un pequeño rastro de nubes y me pregunto, "¿que ha pasado, por qué ya no hay nubes, cómo es posible que se haya desvanecido tan rápido, tan pronto? Luego miro hacia mi altar y la pequeña geoda de amatista que está al lado del velón no luce como una geoda, sino como una muñequita de pelo largo sentada de espaldas, y miro el velón blanco y la luz que expande tiene formas multidimensionales, parece que en el centro hubiera un arquero y luego un hombre caminando, o una mujer con los brazos abiertos extendidos, y de sus brazos se desprende luz, una luz que irradia todo su contorno y todo su entorno, y luego miro la geoda de amatista y ya no es una muñequita sino una luz morada intensa, y luego esa luz morada se desvanece y vuelvo a ver la niñita y ahora miro de nuevo el velón y ya no veo figuras humanas sino formas pluridimensionales y esa luz morada intensa que parece una aureola sobre la cabeza y sobre el cuerpo de la muñequita, y la luz del velón se transforma en figuras humanas de nuevo. Me pregunto, "¿acaso el aquí, lo que veo en este momento es real?", "¿acaso en el aquí las nubes que vi son reales?", y vuelvo a mirar al cielo y este se ha tornado azul de nuevo y ahí están las nubes, y me subo a la cama nido y abro más las cortinas, y me acerco más a la ventana y ahora veo las nubes, mas brillantes y más abundantes, con formas diversas, veo un ángel, luego ya no lo veo, veo una estructura ósea muy grande como si fuera el esqueleto de un animal gigante, y veo una luz brillante que las ilumina, que las alumbra, y veo las golondrinas que revolotean y trinan como cuando va a llover, y me pregunto, "¿acaso lo que veo es real?", "¿acaso lo que veo es el producto de mi imaginación o es una mezcla de realidad e imaginación?", "¿acaso el aquí existe?", "¿acaso es este momento un momento presente?", "¿cuán aquí estoy, cuán real es el aquí, cuán presente es este momento?", "¿a caso todo lo que veo existe y si existe, cuán larga o efímera es su existencia?" Y me llega a la mente la canción de Wilfrido que dice: "es un avión, es un avión, es un avión . . ."

Y ahora veo que las nubes se proyectan en la pared azul de mi habitación como si se desprendieran del velón, y las ramitas de cilantro fino que tengo en mi altar parecen una cruz o un árbol y sonrío, doy gracias a Dios por tanta belleza, por estos pequeños momentos de existencia, de pura existencia, y pido perdón por haber estado triste hace unos minutos cuando se fue "mi nube" y por haber dudado de lo que vi y por la emoción negativa que me produjo esa sensación de pérdida de la nube dinosauria, y doy gracias porque ahora veo más nubes con múltiples y diversas formas, y la luz del sol del amanecer las alumbra, las irradia, aunque el sol no se ve, aunque no sé de donde sale por la altura de los edificios, pero si puedo deducir que sale del oeste. Y vuelvo a mirar el velón blanco y disfruto su forma de mandala y la reverberación de luces que expande con las mismas formas de las ramitas de recaíto y con una tonalidad morada clara, y la muñequita de pelo largo sentada de espaldas sigue ahí, a veces cubierta por ese manto de luz morada o por su propio manto, la pequeña geoda de amatista. Y comprendo que lo importante e inmediato es estar aquí, presente en este momento. Y escucho en mi mente la canción, "y yo te diré, temblando la voz, el tiempo va de prisa y ese día que soñamos vendrá, qué puedo hacer, apaga la luz, la noche está marchándose ya . . ."

Miro de nuevo a mi altar y parece que la luz dorada del velón blanco es el sol que está alumbrando el espacio exterior, es un parque o un malecón, la niñita se encuentra sentada mirando

al horizonte en posición lateral al sol y el cilantro fino es un árbol grande y verde que está en el extremo derecho de la niña, y la base sobre la cual está asentado todo ese espacio y su contenido humano y vegetal es el mar azul turquesa que está calmo, tranquilo, y debajo están las olas moviéndose y expandiendo espuma. Y Miro a mi alrededor y observo que el jarrito de barro con agua que puse en el suelo se cayó y mojó mi edredón y los frasquitos de esencias de flores, que me recomendó Josefina para ayudarme a estar firme y vivir el momento presente, están rodando por el suelo junto a los aceites de la Dra. Quisqueya Maytí, pues los empujé todos en mi afán por subirme a la camita nido a ver las nubes, y están todos rodando por el suelo, y miro de nuevo al firmamento y ya no hay nubes. Este es el inicio de un nuevo día, cambiante, inconstante, impermanente, como la naturaleza misma, como la vida misma. Y escucho por mi oído derecho a mi amiguita Xiomara Fortuna cantando, "ahorita va' llover, ahorita va' llover, al que no tenga paragua', el agua le va' caer . . ."

El Ahora

Y escribo esto ahora. Y el ahora es el momento presente, este en el que me encuentro sentada debajo de un árbol y sobre una roca en el parque y escucho un pájaro trinar, voces de gente conversar, las ruedas de las bicicletas rodar, los niños jugar, veo la ardilla tratando de subirse al árbol, escucho las bicis que vienen montadas por gente sonriendo, conversando, y miro al cielo, a ese rayo de sol que me proyecta colores diferentes, parpadeo y veo un color verde jade, miro mi portátil y sigo viendo el color verde, luego parpadeo otra vez y veo un color rosa, vuelvo a mirar al cielo, cierro los ojos y veo verde fosforescente rodeado de rosado, y abro los ojos miro al sol y proyecta un color azul turquesa, luego morado, y miro los arboles y sigo viendo el color azul turquesa, y también veo a la gente que se ve azul turquesa y algunos se ven morados y vuelvo y miro la luz solar y veo un color rosado que se expande como burbujas y miro a una niña jugar y la veo morada y miro al césped y el color que me proyecta la luz del sol es morada y luego azul y luego rosada, y miro la pantalla de la laptop y veo amarillo claro, rosado pastel, y escucho al pájaro trinar, o conversar, o decir, o reclamar o vociferar, ¿los pájaros vociferan? ¿Los pájaros hablan? Bueno, ellos se comunican y, a veces, como ahora, con insistencia. Y los rayos del sol tocan mis ojos y veo azul turquesa, burbujas de azul turquesa que suben y bajan y se colocan encima de la gente que miro pasar. Y recuerdo que esta experiencia de luces de colores la empecé a tener hace poco tiempo, cuando fui por segunda vez a Playa Bonita, esta fue la experiencia de colores mas maravillosa que jamás haya tenido y en proporciones gigantes. Fue espectacular.

Recuerdo que Arizona y yo estábamos caminando por la playa agarradas de las manos y estábamos recordando su infancia, ella hablaba de cómo le gustaba caminar sobre las piedras del río y estábamos jugando a sentir la arena, a sentir nuestras pisadas y el contacto con el agua y, de repente, empezamos a reírnos y yo le digo, "mira el sol" y ella me contesta, "hace tiempo que no miro el sol porque en la escuela en los Estados Unidos me enseñaron que no es bueno", y yo le digo, "sí es bueno, mira, no tengas miedo, hazlo como cuando lo hacías de niña", y entonces ella mira al sol y yo también, de pronto empezamos a ver luces de colores que se proyectan desde el sol y nos reímos y luego nos metimos al agua y seguimos mirando al sol y ahora las luces eran más grandes y de diversos colores amarillo, naranja, morado, rosado, verde, azul, y yo miraba hacia el horizonte y las ráfagas de luces que veía eran más y más grandes y de más larga duración, sentí una enorme alegría y le pregunté a Arizona si ella las veía también y ella dijo que sí y nos reímos mucho y dimos gracias a Dios por el regalo visual más hermoso que jamás hubiésemos recibido; y desde entonces no he parado de ver luces de colores, veo luces de colores en todas partes; en CPW veo luces de colores, en Riverside Drive he visto colores, en mi apartamento veo luces de colores, en la universalidad también veo luces de colores, cuando estoy sola veo luces de colores y cuando estoy acompañada veo luces de colores; y una noche me monté en un taxi en el Bronx y le dije que me llevara a mi casa en Manhattan por la orilla del Río Hudson y ví un hombre azul índigo caminando por el sidewalk o boulevard que da al río. Y sigo viendo colores, solo tengo que sentarme frente a un pequeño rayo de sol e inmediatamente empiezo a ver los colores y si los rayos son grandes también veo los colores, pero nunca tan grandes como en Playa Bonita; pues ahora mi vida se ha tornado de colores. Y escucho por mi oído izquierdo la canción, "qué bonito es Badalona, en invierno y en verano . . ."

Y también en mi apartamento veo los colores que se proyectan desde un velón blanco o de Ruda, como el otro día que estaba conversando con mi madre Margarita de Austria y vi una suave y alegre ráfaga color verde intenso. Me encanta ver colores, y los puedo ver con los ojos cerrados y con los ojos abiertos, sencillamente porque ahora puedo ver, antes no veía, no veía más allá de mis ojos, ahora veo más allá de mis ojos, ahora veo todos los colores del arcoíris y si miro mis pestañas veo proyectarse colores, rayitos de colores. Y también puedo ver colores diferentes dependiendo de la gente que veo, y un día pensé que cada color significa lo que la gente proyecta y necesita en ese momento, por ejemplo, si veo morado es porque la gente proyecta divinidad o necesita una conexión o alineación con Dios, como a los niños que siempre los veo morados, y si veo azul es porque la gente reclama o necesita su espacio, y si veo verde es porque la gente proyecta amor, y si veo amarillo es porque la gente proyecta pasión, y si veo rosado es porque la persona es intuitiva o necesita desarrollar su intuición o la capacidad de amar. Ahora miro a una parejita que va vestida de azul y miro los rayos del sol y la veo morada, y no importa el color de la ropa de la persona. Hace unos instantes la pantalla de mi laptop seguía proyectando amarillo, y es porque yo estaba poniendo pasión en lo que estaba escribiendo. Y ahora miro al cielo y veo el sol con un centro de luz blanca con tres aristas hacia arriba y alrededor se ve rosado y luego azul intenso y luego índigo y morado, y los rayos esparcen luz rosada, índigo y azul, y ahora veo en mi pantalla el morado y el amarillo claro y el anaranjado claro. Y esto me ha pasado también en noches de luna llena, la primera vez fue cuando la vi con Rosmery en el techo de mi apartamento en la Zona Colonial, allí la vimos ambas con una aureola rosada pero ella se asustó y la aureola se escondió, meses después la vi con Arizona y ella no se asustó y vimos la aureola rosada por un buen rato. Fue muy hermoso. Y ahora veo mucho amarillo, el sol irradia un amarillo verdoso como el limón. Y hoy las nubes en CPW son de color rosa. Nunca antes había visto nubes rosadas.

Me encanta ver colores, y puedo distinguir cuando se trata de colores auténticos y naturales o artificiales, cuando son los colores enviados por mis ancestros Masthi, Masthone, Meleté, Sice, Mulkund, Oini, Osene, Yuna, Franz y Bozze. Y al decir esto escucho por mi oído izquierdo la canción, "de colores, de colores se visten los campos en la primavera, de colores, de colores son los pajaritos que vienen de afuera, de colores, de colores es el arcoíris que vemos lucir . . .". Y, ahora, miro mi altar en la oscuridad de la noche mientras miro en la tele una peli juvenile española y veo que la luz del velón de ruda emana una figura angelical que extiende sus alas hacia arriba, hacia adelante y hacia afuera, y esparce una luz centrífuga que difumina una tonalidad intensa de verde que sale del ramo de tulipanes rosados y la figura angelical de GM parece que viene montada en una moto a gran velocidad como en los dibujos animados japoneses, con las alas extendidas y la luz del frente constante e intermitente a la vez, y suben las tonalidades verde hacia arriba y forman figuras moradas que parecen humanas y que parecen animales, esta parece una tortuguita que está subiendo por la veta dorada del ala del ángel, o una ardilla subiendo a un árbol, y del florerito de los tulipanes emerge una figura con una red o manto extendido hacia arriba y la tortuguita sigue subida a la luz que emerge del ala izquierda del ángel motorizado y escucho el sonido de un motor por el oído izquierdo y de gente marchando, y el ángel motorizado ahora viste algo morado y rosado en el centro aunque sus alas y su cuerpo siguen siendo blancos, y por un momento dejo de ver la tortuguita, pero luego vuelvo a verla, ella sigue intentando subir por el rayo de luz del ángel motorizado. Y ahora la luz se parece a la del altar de una capilla, la de Nuestra Señora de las Mercedes del colegio y la de la Catedral Nuestra Señora de la Altagracia de Higüey, y es una luz muy hermosa con una pequeña figura en el centro que se parece a la del Santo Niño de Atocha con una aureola dorada encima de la cabeza, y ahora se parece a la de San Miguel Arcángel, y ahora se parece a la estatua de Colón que está en la Zona Colonial, pero subida sobre una esfera relampagueante que tiene dentro un escorpión, un mapa, el mapa de América, y ahora la estatua de Nicolás de Ovando montado en un caballo y debajo está el mapa de Suramérica y escucho un ruido tormentoso por el oído izquierdo y mucha gente que habla, y el ruido parece como el del mar, el ruido del mar agitado, el Mar Caribe agitado, el Atlántico agitado.

Y ahora escucho por el oído derecho el merengue de Fernandito, "no se me quita el gusto, de besarte, ni se me borra el gusto, de abrazarte, ni se me aleja el gusto, de quererte, sin miedo, sin pánico ni susto . . ." Y escucho por el oído izquierdo al Conjunto Quisqueya, "oye, abre tus ojos, mira hacia arriba, disfruta las cosas buenas, que tiene la vida . . ."

Y acabo de ver una luz morada en esa pequeña partícula que cayó del aire y que pudo haber sido una hoja, una espiga, una pluma, un pedazo de papel, no importa, lo importante es que es y existe en este momento. Y ahora me voy a ir a comer para seguir viendo colores en los alimentos y en los sabores. Y al caminar veo las florecitas del otoño con los mismos colores rosado, amarillo, azul, morado, mamey, verde que vi proyectados por los rayos del sol en el parque. Y me siento en el restaurante y las flores que lo adornan tienen los mismos colores que vi en el espectro solar y en las flores de los jardines de las casas y edificios del Upper West Side, amarillo, anaranjado, morado, verde. Y me siento a comer y los alimentos tienen los mismos colores que vi en la luz del sol y en las flores, verde, rosado, mamey, amarillo, anaranjado. Y esos colores tienen sabores y olores con los mismos colores. Y los clientes llevan colores verde, azul, y el propietario lleva color morado claro. Y doy gracias a Dios por tanta belleza.

Dios es la naturaleza misma que se manifiesta de diversas formas para servir al mejor desempeño de la humanidad.

Si al levantarnos sentimos la suave brisa del aire fresco de la madrugada ahí está Dios.

Si al tocar nuestras manos y brazos sentimos la tersura de nuestra piel, ahí está Dios.

Si al colocar nuestros pies en el piso sentimos la suavidad de la madera pulida y barnizada, ahí está Dios.

Si al sentarnos en un sofá sentimos las bolitas de la mezclilla del tapiz y si al tocar sus patas de madera rústica sentimos su firmeza y solidez, ahí también está Dios.

Si al observar un cojín blanco hecho de tela de algodón nos maravilla su intensa luz, ahí está Dios.

Si al sentarnos en el suelo tocamos el piso y sentimos la textura de la madera con sus pequeñas hendiduras que separan una tira de la otra, ahí también está Dios.

Si al entrar nuestras manos en el recipiente en donde vamos depositando los restos de los vegetales y frutas mezclados con papel, aserrín de madera no tratada y hojas secas para hacer nuestro "compost" o abono, movemos la materia orgánica y sentimos una agradable sensación de calor, ahí está Dios.

Si al observar nuestras manos luego de tocar los elementos verdes y marrones de la materia orgánica biodegradable, sentimos una sensación de limpieza, ahí Dios.

Y si al oler la mezcla del nitrógeno—desprendido por los elementos verdes—y el dióxido de carbono —de las hojas secas, aserrín y papel—en su proceso de desintegración y transformación, sentimos una sensación de ternura y amor que nos hace pensar que toda la basura biodegradable huele igual y ese olor es bueno y no contaminante, ahí está Dios. Y si al observar esto me pongo a cantar la balada de Rafael Solano, "por amor, se han creado los hombres, en la faz de la tierra, por amor ha existido en el mundo siempre tanta belleza . . .", ahí también está Dios.

Y si al observar una obra de arte inspirada en la caligrafía china nos conectamos con la forma, textura, volumen y soltura de sus pinceladas y sonreímos, ahí también está Dios.

¿Por qué? Porque Dios es la naturaleza misma recreada, manifestada en sus múltiples formas, colores, texturas, tamaños, volúmenes.

El llanto es una expresión divina

Si al conversar con una persona amiga, un familiar, un colega nos emocionamos y sentimos que las palpitaciones del corazón se intensifican y la piel se eriza o se vuelve de gallina por la emoción de los sentimientos, los recuerdos, el aprendizaje momentáneo de algo hasta entonces desconocido; ahí está la presencia viva de Dios. Y escucho en la mente el merengue de Miriam Cruz, "eso es cosa de él . . .".

Y si esas emociones se manifiestan a través de las lágrimas y nos sentimos más despejados, más relajados, en esas emociones, en esas lágrimas también vive la presencia de Dios; porque sólo los seres humanos sabemos amar, emocionarnos y llorar.

Y es que, cada vez que lloramos, a través de nuestras lágrimas se produce un proceso de purificación física, mental y espiritual. Ese proceso de purificación es mayor que el que se produce a través de todos los demás órganos del cuerpo, incluyendo el riñón. Y escucho por el oído izquierdo la canción de El Torito, "me duele la cabeza . . .".

Las lágrimas son el principal refractor de energía; a través de ellas nuestro cuerpo expele las minúsculas, invisibles y sutiles partículas de toxina que no pueden ser canalizadas por el riñón. Como sabemos, el riñón es el principal órgano de purificación física de los elementos líquidos, que son los principales componentes de nuestro cuerpo.

Casi el 90 por ciento de nuestro cuerpo está compuesto de agua. Cada vez que lloramos liberamos nuestras emociones. Y escucho por el oído izquierdo la canción de 4-40, "ojala que llueva, café . . .".

Las lágrimas eliminan las sustancias nocivas que absorbemos del medioambiente y producen una sensación de total desahogo, limpieza y purificación física de todos nuestros órganos, incluyendo el cerebro y el corazón. Y escucho por el oído izquierdo a Luis Vargas cantando la bachata, "Llévatelo todo, llévatelo todo . . .".

Cuando lloramos, la mente se agiliza, se aquieta y se relaja, y se agudiza nuestro nivel de concentración y de comprensión. Y escucho por el oído izquierdo la voz de Adalgisa Pantaleón, "reforéstame el amor de ayer, siembra una tarea de cariño, en mi corazón, dame de beber . . .".

Cuando lloramos, el corazón empieza a latir a un ritmo calmo y placentero, y las funciones cardíacas se desempeñan mejor. Y escucho en mi mente la canción de Víctor Víctor, "y yo no te prometo el cielo, te prometo una casita chiquita y bonita, con paredes en colores, con cupidos de amor y quizás alguna flor . . .".

Cuando lloramos, la piel, que es el órgano más grande del cuerpo, se limpia, se tersa, se rejuvenece. Y escucho por el oído izquierdo el perico ripiao de Fefita la Grande, "el hombre que no se casa, no sabe de cosa' buena, tiene que sabei bucaila, que no le saiga chiflera . . .".

Cuando lloramos, nuestra capacidad auditiva se agudiza y escuchamos mejor. Y escucho por mi oído izquierdo la canción, "Nossa, nossa, assim você me mata, ai si eu te pego, ai, ai, si eu te pego . . ." (Nuestra, nuestra, así usted me mata, ay si te agarro, ay, ay, si te agarro).

Cuando lloramos, el sentido del tacto se magnifica y logramos percibir mucho mejor las sensaciones de todo aquello que tocamos o que rozamos, todo lo que nos rodea. Y escucho por el oído izquierdo a Maridalia Hernández cantando, "te ofrezco, un corazón enamorado . . .".

Cuando lloramos, nuestra capacidad visual se expande y, con ella, nuestro sentido de la dirección. Y escucho por mi oído izquierdo el dembow de Elliot Mil Amores "Mami, pero no te quille, dime, te va da' el teke teke ahora . . .".

Cuando lloramos, el sentido del gusto se sutiliza y podemos apreciar mejor el sabor y textura de los alimentos, y masticarlos y digerirlos mejor. Y escucho por mi oído izquierdo a Johnny Ventura cantar, "yo quiero lerenes, quiero pan de frutas . . .".

Cuando lloramos, el olfato se expande y podemos oler mejor los alimentos y las sustancias que lo integran, y refinar el sentido del gusto. Y escucho en mi mente a Sonia Silvestre cantar, "ojalá que las hojas, no te toquen el cuerpo cuando caigan, para que no las puedas, convertir en cristal . . .".

Cuando lloramos, podemos oler mejor el aire, la atmósfera y las diversas substancias que la integran. Y escucho por el oído izquierdo la canción de Sonia, "por qué llora, la tarde su llanto, salpicando tu lecho, por qué llora gritándole al viento angustia y dolor . . .".

Cuando lloramos, nuestros movimientos se agilizan, nuestros músculos se flexibilizan; perdemos peso y moldeamos el volumen de nuestros cuerpos sin hacer dieta ni ejercicios. Y escucho por mi oído izquierdo y veo en Youtube el dembow de Doble T & El Crok (Los Pepes), "a mi hata la' gorda' me gutan . . .".

Cuando lloramos, los niveles de sal y glucosa en la sangre se estabilizan. Y escucho por mi oído izquierdo a Juan Lockward cantar, "Santiago, te circundan las aguas del Yaque, como un cinturón, Santiago, tu estás siempre latiendo, latiendo, como un corazón . . .".

Dios se manifiesta a través de las lágrimas para sanar nuestros cuerpos, nuestras mentes y nuestros espíritus. Y escucho en mi IPod por mi oído izquierdo a la pequeña Yasmín Objío cantar, "es que de noche, cuando me acuesto, te veo llorar . . .".

El llanto puro, amoroso, compasivo, jubiloso es una meditación natural que no requiere ninguna técnica específica ni ningún lugar especial. Y escucho por el oído izquierdo a Maridalia cantando, "para quererme, hay que entenderme, para amar mi soledad, hay que encerrarse en mi prisión . . .".

El llanto disminuye el ego, nos ayuda a perdonarnos y a perdonar; nos convierte en personas más humildes y amorosas. Y escucho la voz de Ramón Leonardo cantar en 7 Días con el Pueblo, "Caramba, caramba, Francisco Alberto, caramba . . .".

El llanto nos facilita un mayor nivel de aceptación del otro, de la otra. Y escucho en mi oído izquierdo a La Fortuna cantar, "tu hijo será tu hija, tu marido tu mujer, pero la calle será la calle . . .".

El llanto es, en sí mismo, una oración que nos eleva espiritualmente y nos alinea con Dios. Y escucho en Youtube la canción de Ramón Leonardo, "Sabes, lo que yo quiero es despertar entre tus brazos y ser la sombra que te sigue paso a paso, y con mi amor . . .".

El fin del mundo no existe . . .

La vida es una espiral, en la cual, los seres vivos, creados por la madre naturaleza, existimos y navegamos en diferentes niveles para evolucionar, cumplir nuestros objetivos, mejorar y servir al mejor desempeño de la humanidad.

"Música, música, música, ¡je!, música, música, música, todos estamos listos porque va a empezar la música . . .".

La vida es igual que la sábila. Si cortamos un pedazo de una hoja de sábila observaremos que al tratar de despegarlo del resto, el líquido transparente, resbaladizo y baboso que suelta la pulpa gelatinosa, se desprende de ella, resbala entre nuestros dedos y una parte se queda enganchado al resto de la hoja y la pulpa. Si lo halamos se estira, se alarga, toma diferentes formas; parece como si esa aguita babosa se resistiera a despegarse o se despegara sólo una parte y que, en esencia, se mantuviese siempre adherida a la pulpa.

Seres humanos, animales, insectos, piedras, rocas, rios, mares, montañas, aire, sol, luna, tierra cada vez que completamos un nivel pasamos a otro, pero en ese pasaje dejamos atrás huellas, experiencias, vivencias incompletas que debemos cumplir en una etapa siguiente. "La vida no vale nada, si no es para perecer, porque otros puedan tener lo que uno disfruta y ama . . ."

La mayoría de las veces no sabemos cuáles son esas etapas, no sabemos cuáles son esas tareas aún por completar; quizás porque no queremos verlas o creemos no estar preparados para vivirlas.

Pero aún sin aparentemente saberlo, insistimos en que tenemos que hacer esta o aquella cosa, llevar a cabo tal o cual proyecto y nos esforzamos por alcanzarlo, por lograrlo a costa de todo y a pesar de todos.

Los seres humanos seguimos avanzando, evolucionando, aprendiendo, durmiendo, despertando y, en cada experiencia de vida, vamos descubriendo nuevos retos, nuevos desafíos, y vamos desatando nuevos nudos.

En realidad, esos nudos no son nuevos, han existido en nosotros por mucho tiempo, pero no los hemos visto; nuestro nivel de consciencia no ha avanzado lo suficiente cómo para poder verlos.

Pasamos un grado y otro, cumplimos los requisitos del pre-escolar, el kinder, la primaria, la secundaria, la universalidad, pero aún así, sentimos

la necesidad de seguir aprendiendo, de querer saber más; y, creemos, que si hacemos un diplomado, uno o varios postgrados, una o varias maestrías y uno o dos doctorados lograremos desatar esos nudos que no pudimos o no quisimos liberar, esas asignaturas que quedaron pendientes.

El sueño

Yo, por ejemplo, he visto el mismo performance en diversos sueños. "Teatro, lo tuyo es puro teatro, falsedad bien ensayada, estudiado simulacro, fue tu mejor actuación, destrozar mi corazón, y hoy que me lloras de pena, recuerdo tu simulacro . . ."

Me veía siempre en la universalidad tomando el examen que no pasé y que no me permitiría graduarme; en el performance-sueño me veía agitada, temerosa, con sentimiento de culpabilidad y muy atemorizada.

Al despertar, sonreía y me entraba una gran alegría momentánea al darme cuenta de que estaba soñando y, me decía a mi misma, "como dijo Calderón de la Barca, la vida es sueño y, los sueños, sueños son." Empezaba mi día satisfecha de cumplir mi misión en la vida, con una Carrera académica, una licenciatura con convalidación en dos países, dos postgrados, doctorado con dos especialidades y postdoctorado en el extranjero.

Luego, reverberaba en mí la angustia de quien cree saber, pero se da cuenta de que, en realidad, no sabe y quiere saber; del que cree entender pero no entiende nada. "Ay no, yo no sé no . . ."

Entonces, me preguntaba, por qué si pasé todas las asignaturas, algunas incluso con honores, seguía teniendo el mismo sueño; por qué si me gradué hace tantos años y hace tanto que no soy alumna sino profesora, en el sueño aparecía como alumna; "tú lo ave"; por qué siempre estaba sentada en el mismo aula en la Pocamaima y no en otro aula en otra universalidad; y, sobre todo, por qué si sólo era un sueño me despertaba tan angustiada; ello me llevó a estudiar los sueños y sus interpretaciones según las diferentes escuelas del saber. "Y todo comenzó, bailando . . ."

Mucho tiempo ha pasado desde que por primera vez y de manera reincidente me invadiera el mismo sueño. Mis estudios sobre los sueños no me ayudaron a dar con la respuesta verdadera, sino con paliativos a la duda. Y de nuevo la misma película, las mismas imágenes de angustia: Yo yendo a la Pocamaima a buscar los documentos para mi graduación y ellos negándomelos porque no había pasado la asignatura y luego, en el mismo aula de clases, en un día soleado, tomando el examen y con miedo a no pasarlo. "Mi escuelita, mi escuelita, yo la quiero con amor . . ."

Hace poco pude darme cuenta del significado del sueño y de mi performance en el mismo; la asignatura que me quedó pendiente fue la Fe o alineación plena con Dios.

"Éxito, por el se sufre, por el se lucha, hasta morir, éxito, hay que encontrarlo a cualquier precio para vivir, éxito, noches amargas, días de hambre, pero seguir, éxito, el que lo haya sólo él lo sabe lo duro que fue, romper las barreras, sentir que te humillen, pero siempre seguir . . ."

De niña fui muy devota, pero mi vínculo religioso con Dios estuvo asociado a mi éxito escolar, le pedía a la Madre Cándida María de Jesús que me ayudara a pasar de curso y le hacía una promesa si pasaba al siguiente grado con buenas notas. "Por la mañana temprano, lo primero que yo hago, saludar a mi maestro y después a mi trabajo . . ."

Elegí a la Madre Cándida, o más bien a Juanita o Juanitacho—su nombre de pila antes de convertirse en monja en su pueblo natal en Pamplona—como mi guía espiritual y mi vínculo con Dios. Mi relación con Juanitacho comenzó cuando estaba en Segundo grado y leí que fue una jovencita generosa, dedicada al servicio de los pobres y desamparados. Juanitacho era mi amiga invisible, con ella conversaba en mi mente y con ella aprendí a rezarle a la Virgen; y cuando tenía algún pedido u ofrecía alguna promesa en relación a mis estudios, lo hacía a la Madre Cándida. Y escucho en mi mente a José José: "Madrecita del Alma querida, en mi pecho yo llevo una flor, no me importa el color que ella tenga, porque al fin tú eres madre una flor, tu cariño es mi bien madrecita, en mi vida tu has sido y serás el refugio de todas mis penas y la cuna de amor y verdad . . ."

Fue en el segundo grado cuando sufrí mi primer trauma escolar porque, el Politécnico no tenía primer grado y mi hermana mayor, Moringa Maricela, me inscribió en Segundo, a sabiendas de que yo a penas había completado el Kinder, ya que mis padres consideraron que era una oportunidad única para que yo obtuviera una educación de calidad en una escuela pública cuyo programa era de igual calidad al de los colegios privados. Ellos sabían que el reto me haría sufrir, pero también sabían que yo lo superaría. Como no sabía leer, mis compañeras se burlaban de mi y mi profesora no sabía qué hacer. Recuerdo lo doloroso que era para mi ponerme de pie para leer alguna parte del texto, ya que, por más que lo intentaba, a penas podía balbucear una que otra sílaba o con mucha dificultad alguna palabra. "A a a Mariquita ya se vaaa, A a a Mariquita ya se vaaa, A a a Mariquita ya se vaaa . . ." Y cuando no comprendía lo que pasaba o por qué pasaba, lloraba, y así transcurrió el año escolar hasta que suspendí el curso. "U u u más sabe el burro que tú . . ."

Pero todo cambió cuando una monja muy peculiar, la Hermana Josefina, me llevó a su despacho-aula y me dijo, "tú no sabes leer, pero te voy a enseñar, vamos a trabajar aquí todas las tardes, las dos solas".

"Vo'a monta' un Molino en la carretera, vo' a monta' un Molino en la carretera, pa' mole' mi caña de veinte manera' . . ."

La Hermana Josefina era joven, delgada, simpática y muy divertida, no era tan blanca como las madres españolas, ni peliroja como la Madre Josefa, y no tenía acento castellano. Me llamaba la atención la flexibilidad de sus movimientos corporales que le permitían sentarse en cuclillas sobre el escritorio o con una pierna encima agarrándose el tobillo y la otra colgando de la parte frontal del escritorio, con tal naturalidad, que parecía que estuviese jugando o haciendo un performance. "Tú me acostumbraste, a todas esas cosas y tú me enseñaste, que son maravillosas . . ."

No recuerdo los detalles de todos mis encuentros con la Hermana Josefina ni cuantas veces nos reunimos, sólo recuerdo el primer encuentro, pero lo que si sé es que, a partir de entonces, mi vida cambió, pues gracias a la Hermana Josefina pude leer el libro con la biografía de Juanitacho que, creo recordar, ella misma me regaló. "Por esas pequeñas cosas, que van hacienda toda una vida . . . ."

La Hermana Josefina era diferente a la Madre Josefa, la encargada de la disciplina; siempre tan seria, brusca y rígida, "niñas, mantengan orden y silencio en la fila" gritaba en los pasillos cada vez que nos alineaban para entrar a la clase o para salir al recreo. Nos inspeccionaba una por una, para ver si la blusa y las medias blancas estaban prístinas, si los zapatos estaban brillando como azabache, si el largo de la falda llegaba hasta las rodillas. "Somos tres muñecas, llegada de París, nosotras no sabemos quién nos trajo aquí, mi nombre es María, el tuyo es Fifí, y yo no tengo nombre porque soy una infeliz . . ."

Recuerdo que, en varias ocasiones, la misma Madre Josefa le bajó violentamente el ruedo a la falda de alguna niña, porque era más corta que la medida oficialmente establecida. Las demás nos quedabamos atónitas y temerosas ante el desacato. "Mambrú se fue a la Guerra, que dolor que dolor que pena, Mambrú se fue a la Guerra y no sé cuando vendrá, que do re mi que do re fa, no sé cuando vendrá . . ."

En mi memoria infantil me veo feliz caminando en una tarde de sol y luz tropical por los pasillos del patio interior del colegio en dirección al aula-despacho de la Hermana Josefina, abro una puerta blanca y dentro veo poca luz, como si los bombillos estuviesen apagados, las ventanas estuviesen semiabiertas o cerradas y el aula o despacho estuviese alumbrado por la luz natural y sombreada del espacio interior, y me veo sentada en el primer y único pupitre, con la Hermana Josefina sentada sobre el escritorio; escucho risas e historietas y luego me veo saliendo feliz por la misma puerta blanca y miro alrededor la luz brillante de la tarde, y yo sonriendo y cantando.

"En un plato de ensalada, comen todos a la vez, y jugando a la baraja, tin marín de do' pingüé, cucaramacara títere fue . . ."

"Y lloro por todo y por todo . . ."

Lloro al recordar y escribir todo esto aquí y ahora en mi apartamento-estudio de Nueva York en mi portátil, sentada en el piso en posición lotus pegada a la pared y envuelta en un edredón de algodón azul marino con mi pijama de seda natural azul grisáceo. Miro alrededor mi camita nido cubierta con un cubrecolchón blanco y encima mi suave saco de dormir de seda color azul índigo, miro las paredes azules de mi habitación, miro la luz ténue y cremosa de este día de otoño a través de mi ventana con sus cortinas blancas con bordes azules y en el centro la bufanda de algodón azul añil que compré en mi viaje al sur de la India, miro la luz blanca de mi pequeño altar que está al frente a metro y medio de mí, cubierto con un pareo azul con conchas blancas y delante la alfombrilla blanca de algodón en donde me inclino a rezar el Rosario y a ponerme mis aceites esenciales, al lado el bote color ámbar con la miel de flores que compré en mi reciente visita a Cuernavaca-México, miro la silla blanca que está sola en la esquina a la derecha del altar y erguido detrás mi asana azul oscuro, y a mi derecha mi taza de té con el fondo azul-verdoso delante de uno de los cuadros de caligrafía china que le compré a Josefina Báez, y justo al frente, a mi derecha, en mi piso de madera amarillenta, su libro blanco "Comrade, Bliss Ain't Playing" y en posición perpendicular al libro un poco más a la derecha, se iergue la mesita blanca con la otra silla un poco más alejada también a la derecha, y tomo el libro en mis manos y observo que la silla blanca que está en la portada y en las páginas es prácticamente igual a la mia y lloro, lloro intensamente, lloro de alegría, lloro de tristeza porque estoy despertando de un largo y profundo sueño.

"Hay tantas cosas que quiero decirte y comprender, y lloro . . ."

Y me pregunto, ¿quién es la Hermana Josefina?, es acaso mi amiga la performera de la Romana que conocí en Nueva York en 1996 cuando enseñaba en JJ y que me rescató de la oscuridad y confusion más profunda, cuando no entendía cómo podía ser académica en inglés con un acento español tan fuerte, por qué tenía que sufrir tanto en un trabajo fijo si no creía en la permanencia laboral y mucho menos en la academia Arrellano (el llamado "tenure" y su tortuoso camino, el "tenure-track"), y cómo podía comunicarme con unos estudiantes Dominican-York que no hablaban bien el español que yo aprendí en la Isla y en España y mucho menos entendían mi pronunciación en inglés con mi machacado dejo del acento castellano o madrileño.

¿Es ella la misma Josefina que me ayudó a realinearme con Dios a través de la lectura y el performance de Dominicanish, mi vuelta a mi vegetarianismo natural con sabor autóctono—sancocho con tofu, el Hatha Yoga, la iniciación en el Mantra Yoga, los Ritos Tibetanos, las largas caminatas por Nueva York calle arriba y calle abajo Upper West Side-Midtown-Downtown-Alto Manhattan-Washington Heights, restaurantes vegetarianos, las delicias dulces de aquel café japonés, la caligrafía china y el Enzo "para que aprendas a pintar tus propios cuadros y nunca más tengas que curar ni exhibir el arte de otras artistas" . . .

Escucho en mi IPod la bachata, "Llora Amma mía, llora Amma mía . . ."

Y lloro. Lloro nuevamente al recordar las intensas horas de conversación-sanación en su apartamento pequeño de York con una mesita de comedor-multiuso, unas ollitas de barro en las que me preparaba delicias nutritivas vegetarianas con sabor criollo-dominicano-hindú, mientras yo sentía que algo más estaba pasando, que ella en su mente estaba rezando y que yo estaba sanando, mientras ella se movía con movimientos rápidos, consistentes y en constante alerta, tal y como me ha estado pasando a mi desde que me morí y renací, desde que me enfermé y me sané; con los mismos movimientos rápidos a pasos cortos y consistentes que hago yo aquí en mi estudio en Nueva York y cuando estoy en mi apartamento en Santo Domingo o en los apartamentos de mi sobrino y de mi hermana en Santiago, y cuando estoy ayudando a sanar a mis novias de turno Rosmery, Arizona, a mis pupilos y pupilas Heleno, Andy, Amanecer, Danlela, a Aniseta y su padre Marconio, a mi amigo Dió, a mi antigua amiga Aymará, a mi sobrino Romeo Teódulo, a mis sobrinas Jacoba y Julia, a Yaroba la esposa de Romeo Teódulo, a mi sobrinas Emenegilda Guadalupe y Venus Altagracia, a los hijos de Venus Altagracia Danisel y Novicia, a mi hermano Príncipe Rainiero, a mi hermana Natividad María, a mi madre Margarita de Austria, a mi hermana Moringa Maricela y su amiga Edén, a mi hermana Neroli y su hijo Vicidoro, a las amistades de Romeo Teódulo y a la vecina de Moringa Maricela, a mi hermana de

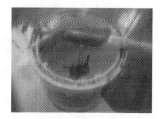

padre Fabulosa, a mis primos, primas, tías, tíos y demás familiares; son los mismos movimientos que hago cuando me estoy sanando a mí misma.

Y esos son los mismos movimientos que hacen mis tías cuando voy a visitarlas, esos movimientos van unidos a la acción constante de hacer oficios: cocinar, fregar, barrer, trapear, regalar ropas y cosas que escogemos para las personas que amamos y cuidamos. Esos son los mismos movimientos que hace mi hermana Moringa Maricela cuando está ayudándome a solventar algún problema, cuando me está sanando y que yo le digo "cálmate manita, cálmate", al igual que me dice mi sobrino Alejandro Magno que es medio tartamudo, "peeerooo cáaaalmese tíaaaa, cáaaalmese".

"Llora Amma mía, llora Amma mía . . ."

Y lloro al recordar la misma Josefina que conocí a mediados de los noventa, en su apartamento de clase obrera blanca inmigrante de principios de siglo XX en York, con la bañera en la sala parcialmente cubierta con una cortina plástica, el sanitario separado en un cuartito sin lavabo, nos lavábamos las manos en la bañera antes de comer. Y ahora, al escribir esto, escucho el ruido de los vientos de la supertormenta

Sandy, que soplan a una velocidad de hasta 95mph con sonidos que parecen humanos, como si se tratase de mucha gente tribal huyendo en el desierto con mantas, sábanas, colchones, tiendas de campaña y el aire les sopla fuertemente haciendo buuuu, buuuu, buuuu, o como si fuese una enorme manada de animales corriendo huyendo de un tíguere en la selva, buhuuu buhuuu buhuuu, y estos vientos y estas lluvias me recuerdan el ciclón de Abril de 1965. Y miro a la pared color verde azulado de mi cocina, veo el dibujo que hice ayer y anoche en honor a Amma Chief y bajo la vista hacia el velón de Ruda y vuelvo a subir la Mirada hacia el dibujo y escucho por mi oído derecho un ruido en la calle que parece al de un jeep que corre de prisa o un avión, y por mi oído izquierdo escucho los desagues del baño que suenan como si fuera el fuerte crujido de un animal salvaje, un tíguere o un león, y, de repente, I observe that the shape of the painting looks similar to a mushroom (y observo que la forma de la pintura luce similar a la de un hongo o champiñón), yes, a small white mushroom inside and a big orange mushroom outside (sí, un pequeño hongo blanco por dentro y un hongo grande color mamey o naranja por fuera) and the white mushroom looks like a key and I hear airplanes flying on the sky like if there were a war and the sound does not frighten me, (y el hongo blanco luce como una llave y escucho aviones volando por el cielo como si hubiera una Guerra y el sonido no me asusta). Y, de repente escucho un niño llorando y una mujer gritándole o corrigiéndolo desde mi apartamento en el 4to piso, en la parte alta de la ciudad, donde no suspendieron la electricidad pero de vez en cuando falla, mientras escribo en mi laptop recostada en la colchoneta de pluma de ganzo que uso en las estaciones frías, tirada en el suelo, con mi bombilla y mi thelmo de agua caliente y envuelta en mi quilto azul con un paño empapado de aceite castor (higuereta-rizino) enrollado en el abdomen cubierto con dos fundas plásticas y una botella de agua caliente encima para que sude, según estoy leyendo la información online en mi celular android, mientras escribo y, como ayuda a coordinar el sistema nervioso, me sirve, junto a las esencias de flores y los aceites esenciales, para afianzar mi energía en el aquí y el ahora. Y, por un momento dejé de escuchar los vientos huracanados en la Hacienda buuuuu, pero ahora suenan como la percusión de una orquesta de salsa que se escucha a lo lejos en una emisora de radio de uno de los vecinos del edificio, pues, parece que los vientos destaparon las tuberías de aire del edificio y permiten escuchar los ruidos y sonidos del rededor "tin, tun, rraapppaa, tin, tum, tum, rrrrr, tin, coquí, uhmmm, jummm, chin, chon, shshssshsh, jaaaaaa, chchacha, TAM, ajaajoajaajo ummmm, paranpanpam, ramramramramram . . .”

“Llora Amma mía, llora Amma mía . . .”

Y sopla el viento buuu buuu buuu por mi oído izquierdo que da hacia el interior del edificio y buuu buuu buuu por el oído derecho que da a la calle, y oigo palos y ramas que caen y sirenas, y un ruido intenso y constante como si fuera el de las olas del mar Caribe bravío y lejano, y en el interior del mar una emisora de radio con la bachata de El Torito “Me arrepiento una y mil veces por causarte algún dolor, me duele la cabeza de llorarte tanto . . .”

“Llora Amma mía, llora Amma mía . . .”

Y vibra el celular, pero no lo contesto, lo dejo que vibre, “¿quién carajo será que quiere interrumpir mi momento de lágrimas y despertar? Un mensaje del 17604193613, que dice “Sohney!!! Are you ok???? This is Danae! Me and Chels wanna make sure you alive, she has no service”. Y contesto: “You texted the wrong person.” Y me responden: “Opps sorry. Well are you ok?” Y respondo: “Yes, thanks”.

"Llora Amma mía, llora Amma mía . . ."

Y voy al baño y hago pipí con la luz apagada, me lavo con un jarrito de aluminio con agua fría y me seco con una toallita verde como lo hacía mi abuela Madrecita en la letrina; mis ancestros Masthi, Masthone, Melethé, Bonzze, Franz, Mulkund, Osene, Yuna, Sice y Oini no quieren que coja el agua directamente de la llave porque siempre que la abro veo nubes blancas que salen del agua y ellos dicen que es por el alto nivel de cloro y gases químicos que tiene el agua en Nueva York, prefieren que ponga agua en un cubo de aluminio parecido a las latas de aceite de maní que vendían antes en la República para cocinar y que la gente usaba para cargar y almacenar agua. Y escucho en mi cabeza la canción de Miriam Cruz, "te sienta bien con el sol . . ."

Today, I checked my Facebook and the first thing I saw was a post of my friend Josefina saying that today is the dead day in Guatemala and then I read her message asking if I was still editing and suggested me to continue to grounding and make silence even silence into the silence. And now that I have finished writing this I look at the wall and see a big pink light that sparks all around including over my laptop and I smile, I look at my blouse and notice am also wearing a pink blouse as well. A mi en este tiempo se me disparan canciones en la mente de manera espontánea que me ayudan a relajarme y coordinar la escritura; y llueve mucho, voy a la cocina a beber agua; a mis ancestros Masthi, Masthone, Melethé, Bonzze, Franz, Mulkund, Osene, Yuna, Sicé y Oini no les gusta que tome agua directamente de la llave, aunque aquí dicen que el agua es buena, entonces tengo una olla de barro que traje de México para hacer sopas y guisos, como es suficientemente grande y no la uso todos los días, cuando está disponible la uso como tinaja; en ella hecho el agua de la llave y la dejo reposar y de ahí cojo el agua de beber y de cocinar, y cuando saco el agua de mi olla de barro con un jarrito de barro, noto que el agua es densa y que tengo que empujar el jarro hacia abajo con presión para que baje; mi hermana Moringa Maricela dice que debo echarle una estilla de cuaba al agua en la tinaja para que se purifique, Josefina dice que se puede purificar con comino, yo no tengo comino, así que le heché dos sobrecitos de té de hojas de moringa y un puñadito de anís, so I will have purified and nutritional water saved for the supertorment Sandy (así tendré almacenada agua purificada y nutritiva para la supertormenta Sandy). Y al escribir esto recuerdo el documental que vi en Youtube sobre la moringa y su importancia como un alimento esencial del siglo XXI;

caliento los retos de la sopa de mi ayuno de Luna Llena que tengo en mi nueva nevera, la ventana de mi apartamento, que utilizo inspirada en las historias que nos contaba aquella profesora negra que nos enseñaba francés en la Pocamaima, de que cuando ella era estudiante en París vivía en un cuartito en una pensión y, como no tenía nevera, colocaba la leche y el queso en la ventana; yo enfrío en mi ventana todo, la leche de soya y de almendras, los vegetales, las frutas, y también ahí tengo mis plantitas de hierbas para hacer te y para cocinar (menta, poleo, romero) y ahora estoy haciendo mi pequeño vivero en el que estoy experimentando to produce chile, pumpkins and root vegetables such as sweet potatoes, yuca and yam like did my ancestors (producir chile, auyamas o calabazas y raíces comestibles como la yucca y el ñame como hicieron mis ancestros Masthi, Masthone, Melethé, Franz, Mulkund, Bonzze, Osene, Yuna, Mulkund, Sice and Oini), y como aprendí con Papápancho que sembraba batatas en el techo de concreto de su casa en Barrio Nuevo, sólo que él las plantaba en una base de tierra sobre el techo y yo en cajas de cartón; mi madre Margarita de Austria y mi hermana Moringa Maricela se fascinaron porque dicen que mi nevera natural y al aire libre es grande y cómoda y que los alimentos perecederos no se estropean a pesar de que todavía no estamos en la estación de frío y en este otoño la temperatura cambia a cada instante, hace fresco, hace calor, hace calor, hace fresco, hace calor. Y vuelvo a recordar la información del Internet sobre la tercera Guerra mundial y me toco el nudo que hice con los collares de amatista y cuarzo natural que bajé a buscar hoy al buzón luego de diez días sin salir a la calle escribiendo, pintando, limpiando en la Hacienda, abonando y sembrando, y pienso en la Guerra de los países ricos por el petróleo y la hambruna anunciada por las Naciones Unidas debido a que no tienen suficiente food reserve (reserva de alimentos) para los próximos nueve años, y pienso en mis estudiantes y en mis familiares y en lo dormido que están muchos y lo despiertos que están otros, y pienso en mi conversación de esta tarde con Moringa Maricela que, entusiasmada con mi proyecto piloto de abono y siembra, ya está sembrando root vegatables (raíces comestibles) y moringa en el terreno valdío del solar del lado de su clínica con la ayuda de dos jovenes del barrio la Jueya como parte de un proyecto comunitario para conectarlos con la naturaleza y alejarlos de las drogas; y también pienso en mi próximo proyecto de reconstruir con botellas plásticas rellenas de arena una casa abandonada que mi padre Teorema le regaló a mi madre Margarita de Austria, pero que está a mi nombre, y sembrar árboles y raíces comestibles en el patio y hierbas medicinales en el techo, como vi en un informe que leí on line (en el Iternet), y que va a ser a la vez mi casa y la escuela de artes, oficios y sabiduría que dedicaré a la memoria de Amma Chief; recuerdo cómo ella le contaba a Moringa Maricela lo doloroso y difícil que fue el parto y toda la sangre que perdió, y recuerdo que, luego, también de niña, cuando veía a mi gata parida amamantando a todos sus gatitos sentía que amamantar era algo doloroso y yo cogía a los gatitos y los amamantaba con un biberoncito que yo hacía con un frasquito y una mamila de bebé y lo llenaba de leche, y mi madre Margarita de Austria le hacía vestiditos y falditas, y mi tío Viejito que era ebanista le hacía camitas y ellos dormían en su camita que era igual a la mía pero pequeñita y estaba en mi habitación en frente de la mia, y durante toda my Infancy cats were my significant others, my toys, my friends, my companionship, my confident, (mi infancia los gatos fueron mis panas, mis juguetes, mis amigos, mis compañeros, mis confidentes), I loved them so much and had so much attachment to them that I wanted to mother all of them, so I even stole them to their mothers when I found them alone

 underneath the high wood floor of the old house in which my mom had her small pawn (los amaba tanto y estaba tan apegada a ellos que quería

ser la madre de todos ellos, hasta al punto de robárselos a sus madres cuando los encontraba solos debajo del piso de madera alto de la antigua casa en la que mi madre Margarita de Austria tenía su pequeña compraventa), but when the mommy of the little cats noticed that they came back for their children and took them back with her (pero cuando las madres de los gatitos se daba cuenta, regresaba a buscar a sus hijitos y se los llevaba); and that happened until I finally had my own cat, Amma Chief, and she chose me as her only mother and lived with me and I took care of her so much as if she were my child (y eso sucedió hasta que finalmente tuve mi propia gata, Amma Chief, y ella me eligió a mi como su madre y vivió conmigo y yo la cuidaba tanto como si fuera mi hija), but, one day, after we moved to la capital, my mom told me that Amma Chief could not longer sleep in our apartment-building and I had to leave her outside in the front yard and the following day I went to look for her but I did not find her (pero, un día, después que nos mudamos a la capital, mi madre me dijo que Amma Chief no podía seguir durmiendo en nuestro apartamento y que yo tenía que sacarla a dormir afuera en el patio frontal del edificio y al día siguiente fui a buscarla y no estaba), I got very sad but I didn't cry cause I knew something bad had happened to her (me puse muy triste pero no lloré porque sabía que algo malo le había sucedido), and I went looking for her per hours until my friends and I found her dead hanging on a barbed wire in Las Amerindias (y estuve buscándola por horas hasta que mis panas y yo la encontramos muerta ahorcada en un alambre de púas in Las Amerindias) and we honorably buried her (y de manera ceremoniosa la enterramos) and from that time on I decided that I would never have any other child (y a partir de ese momento decidí que nunca más tendría otro hijo), and when I say this now I cry (y al decir esto ahora lloro), because I still remember Amma Chief as if it were today (porque aún recuerdo a Amma Chief como si fuera hoy), she was so good to me, she was my best friend and I still miss her (ella era tan Buena conmigo, era mi mejor amiga y aún la extraño), I can see her little white face looking at me with tenderness, while she was taking her daily sunbath on the blue-floor patio in front of my mother's little-house altar (puedo ver su carita blanca mirándome con ternura, mientras ella toma su baño de sol en el patio solado color azul frente al altar de mi madre Margarita de Austria.

"Amor perdido, si como dices, es cierto que vives, dichoso sin mi, vive dichoso, y que otros besos te den la fortuna, que yo no te di, ahora comprendo, uhm uhm uhm uhm, ta ra ra ra ra ra ra ra, ta ra ra ra ra ra ra ra, ta ra ra ra ra ra ra ra ... "

"shshshshshshshhstiritantriitanuaaauaashisshisiiesoesesoes jetjetjetjet jet jet 7636 información nacional amanecemasthi velón prendido tigrerrrugejaguarherida manatí moringacura anemiashmasthone campesino metenmelethetéreo bonanzabonzzezzuffoo manantial franzciscañamoessiss coconut mucha gente muellemulkunden observan cambiosenenergía por la lluvia en el Río Yuna sicesincierto ovnioiniorbita organizando contigo, reverdeciendo, cultivo rosaledas blancas shshshshshshsishi . . .".

Esta primera edición de "Amma Chief: Un Panfleto" consta de 1000 ejemplares.

Dr. Jacqueline Jiménez Polanco, J.D., Ph.D.

Maestra Master who believes in God que Cree en Dios y en la enseñanza holística and in the holistic teaching de nuestros tiempos of our times . . .

This bilingual book narrates the life story and challenges of a child who was naturally born a devotee and who, do to the loss a her beloved cat and the deception of religious institutions during her teenagehood, unaligned from God to later on reconcile with her ancestral spiritual believes while encountering death. The book is written in a subtle and simple Dominican-Spanish language with English translations and performative interpretations.